AF257321

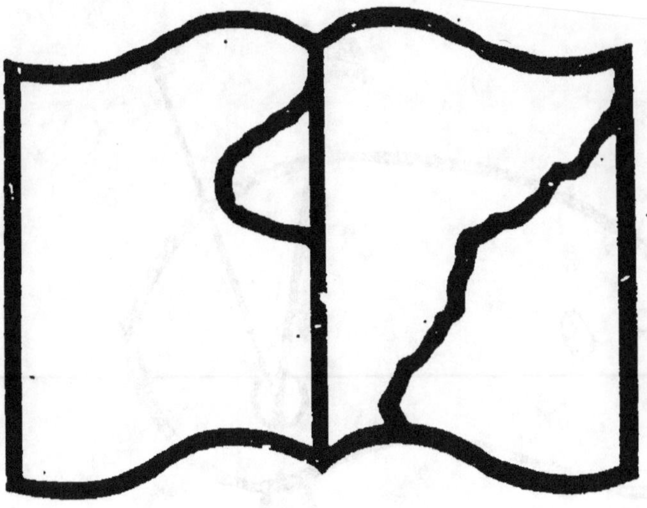
Texte détérioré — reliure défectueuse
NF Z 43-120-11

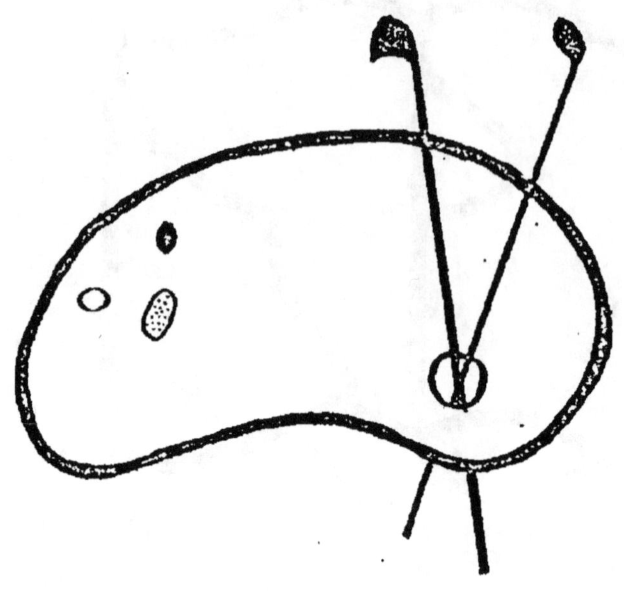

DEBUT D'UNE SERIE DE DOCUMENTS
EN COULEUR

SCIENCE ET RELIGION
Études pour le temps présent
Série Historique
publiée sous les auspices de la Société Bibliographique

Questions de droit ecclésiastique et civil

LES

Traitements Ecclésiastiques

PAR

l'abbé Lucien CROUZIL

Docteur en Droit
(ès sciences politiques et économiques)
Chargé de Cours à l'Institut catholique de Toulouse

PARIS
LIBRAIRIE BLOUD & Cie

4, RUE MADAME ET RUE DE RENNES, 57

1903

SOCIÉTÉ BIBLIOGRAPHIQUE

ET DES PUBLICATIONS POPULAIRES
5, rue Saint-Simon, Paris, VIIe

But de la Société. -- La SOCIÉTÉ BIBLIOGRAPHIQUE a pour but de réunir tous les hommes d'intelligence et de cœur, désireux de mettre en commun leurs efforts au service de la Religion et de la Science.

A cet effet, elle favorise la création de *bibliothèques, de cabinets de lecture, la publication d'ouvrages pour les classes dirigeantes et pour les classes populaires,* ouvre *des conférences scientifiques, littéraires et sociales ;* elle signale tous les mois, dans le **Polybiblion** (*Revue biblio-graphique universelle*), les ouvrages parus en France et à l'Etranger ; enfin elle envoie *gratuitement* à tous ses membres son **Bulletin** mensuel, qui contient une *bibliographie de livres approuvés et destinés à la création de bibliothèques populaires catholiques.*

Avantages réservés aux Sociétaires. — 1º **Au point de vue moral :** les Sociétaires contribuent à la conservation de la Foi.

2º **Au point de vue intellectuel :** *Renseignements bibliographiques; prêts de revues de la Bibliothèque de la Société ;* droit aux **prêts de bibliothèques** renouvelables (*demander les notices spéciales*).

3º **Au point de vue matériel :** la Société assure à ses membres des avantages tels qu'ils rentrent, et au-delà, dans le montant de leur cotisation.

Ses Ressources. — Elles se composent : 1º de la cotisation de tous ses membres associés-correspondants, laquelle est de **10 fr.** par an ; on peut s'en exonérer moyennant le versement d'une somme de **150 fr.** une fois payée.

2º Des apports des membres titulaires, qui sont de la somme de **100 fr.** *au moins* une fois payée. (Ce versement n'exempte pas de la cotisation annuelle de **10 fr.**, mais il donne droit à être éligible comme membre du Conseil de la Société).

3º Des dons extraordinaires qui lui sont faits.

Résultats obtenus. — La SOCIÉTÉ BIBLIOGRAPHIQUE est arrivée à inscrire sur ses listes plus de *neuf mille cinq cents sociétaires ;* chaque année elle fait de nombreux envois de livres pour bibliothèques catholiques et pour distributions de prix aux enfants de nos écoles libres.

Pour plus amples renseignements, s'adresser directement *à la Société, 5, rue Saint-Simon.*

SCIENCE ET RELIGION

Études pour le temps présent. -- Prix : 0 fr. 60 le vol.

L'Autorité humaine des Livres saints, par le P. Méchineau, S. J. 1 vol.
Qu'est-ce que le miracle ? -- *Analyse de sa notion. Ses éléments cons-
titutifs,* par l'abbé E. Cosre. 1 vol.
Les trois Formes du Surnaturel. *Le Miracle, la Révélation et la
Grâce,* par Pierre Vallet, P. S. S. 1 vol.
Du même auteur : Dieu principe de la loi morale. 1 vol.
La Bible depuis son origine jusqu'à nos jours, par M. l'abbé Chau-
vin. 2 vol. se vendant séparément.
  I. *La Bible chez les Juifs.* 1 vol.
  II. *La Bible dans l'Église catholique.* 1 vol.
Études sur l'origine de la Société, par le R. P. Montagne, des Frères-
  Prêcheurs. 3 vol. se vendant séparément.
  I. *La Théorie du Contrat social.* 1 vol.
  II. *La Théorie de l'Organisme social, d'après l'École naturaliste.* 1 vol.
  II. *La Théorie de l'Être social, d'après saint Thomas d'Aquin* 1 vol.
Le Problème de la Souffrance humaine. — *Pourquoi souffrir?
  Triple réponse chrétienne,* par le P. Badet, de l'Oratoire. 1 vol.
Le Matérialisme et la Nature de l'Homme, par M. l'abbé G. Contes-
  tin, chanoine titulaire de Nîmes. 1 vol.
Le Mouvement religieux en Angleterre au XIXe siècle, par le
  R. P. Ragey, Mariste. 3 vol. se vendant séparément.
  I. *L'Anglicanisme.* 1 vol.
  II. *Le Ritualisme.* 1 vol.
  II. *Le Catholicisme en Angleterre.* 1 vol.
La Liberté d'Enseignement. *Aperçu historique,* par M. l'abbé Lau-
  rent. 1 vol.
Rivalités scientifiques ou la Science catholique et la prétendue
  Impartialité des Historiens, par le R. P. Th. Ortolan, 3 vol. se
  vendant séparément.
  I. *La Manie du Dénigrement.* 1 vol.
  II. *Les Fausses réputations.* 1 vol.
  II. *Les Oubliés.* 1 vol.
L'Occultisme contemporain. — *Ses doctrines et ses divers systèmes,*
  par Charles Godard. 1 vol
Évolution, Progrès, Liberté, par P. Vallet. 1 vol.
Les Qualités de l'Éducateur, par J. Guibert, P. S. S. 1 vol.
La Bible et les Théories scientifiques, par M. l'abbé K. Colomer 1 vol.
L'Origine apostolique du Nouveau Testament, par le P. Lucien Mé-
  chineau, S. J. 1 vol.
Hasard ou Providence. *Le Problème des Causes finales,* par le
  R. P. J.-D. Folghera, des Frères-Prêcheurs. 1 vol.
La Conservation de l'Énergie et la Liberté morale, par le
  R. P. de Munnynck, O. P. 1 vol.
Le Péché originel dans Adam et ses descendants. *Exposé apologé-
  tique,* par le R. P. Le Bachelet, S. J. 2 vol.
Le Monde Juif au temps de Jésus-Christ et des Apôtres, par
  l'abbé Beurlier. 2 vol.
Le Dogme chrétien dans la Religion juive, par A.-F. Saubin 1 vol.

Le Régime corporatif et l'Organisation du Travail, par le
R. P. G. DE PASCAL. 2 vol. se vendant séparément.
  I. *Le Passé.*   1 vol.
  II. *L'Avenir.*   1 vol.
Le Dogme de l'Eucharistie, *essai d'explication,* par le P. LERAY,
  prêtre eudiste.   1 vol.
Les Raisons de ma croyance, par le cardinal MANNING, archevêque
  de Westminster, traduit de l'anglais par l'abbé E. Peltier.   2 vol.
Le Monde des Esprits. — Anges et Démons, par le R. P. DOM MARÉ-
  CHAUX   1 vol.
Le Mouvement féministe. *Ses causes — Son avenir — Solution chré-
  tienne,* par la comtesse Marie DE VILLERMONT.   2 vol.
Le Brahmanisme, par Ch. GODARD.   1 vol.
Du même auteur : Le Fakirisme, *les Fakirs et leurs prestiges.*   1 vol.
L'Eglise grecque orthodoxe et l'Union, par le P. Fr. TOURNEBIZE,
  S. J.   2 vol.
Analogies de la Science et de la Religion, par Pierre COURPET   2 vol.
L'Education supérieure des Femmes, par Mgr SPLADING, évêque de
  Peoria; traduit de l'anglais par M. l'abbé Félix Klein.   1 vol.
Le Beau dans les Œuvres littéraires, par M. l'abbé GABORIT, archi-
  prêtre de la cathédrale de Nantes.   1 vol.
L'Eglise et le Droit des Gens, par le R. P. G. DE PASCAL.   1 vol.
L'Enfance du Christ d'après les Traditions juives et chrétiennes,
  par M. l'abbé C. CHAUVIN.   1 vol.
Du même auteur : Le Purgatoire, s'il existe, et ce qu'il est. 1 vol.
Le Repos dominical, *Bonheur de l'Individu, de la Famille et de la
  Société,* par le P. François TOURNEBIZE, S. J.   1 vol.
Les Miracles de l'Evangile, par P. VALLET, P. S. S.   1 vol.
Histoire et légende de la Congrégation (1801-1830), par J. M.
  VILLEFRANCHE.   1 vol.
Pour et contre l'Évolution, ou *Étude sur l'origine des Espèces,* par
  l'abbé LEROY, ancien Directeur au Grand Séminaire de Séez, 2 vol.
L'Origine mosaïque du Pentateuque, par le P. Lucien MÉCHI-
  NEAU, S. J.   1 vol.
L'Homme animal et L'Homme social, *d'après l'école matérialiste,*
  par G. de KIRWAN.   1 vol.
La Révocation de l'Édit de Nantes, ses causes et ses consé-
  quences, par L. DIDIER, Agrégé de l'Université.   1 vol.
Les Doctrines sociales catholiques en France, *depuis la Révolu-
  tion jusqu'à nos jours,* par VICTOR DE CLERCQ, avocat à la Cour d'Appel
  de Paris. Avant-propos par Georges GOYAU. — Première partie : *Les
  Précurseurs.* — Deuxième partie : *Les Contemporains.*   2 vol.
La Femme chrétienne au temps des persécutions, son influence
  et son rôle. *Étude historique,* par le P. BAPET, de l'Oratoire. 1 vol.
La Providence. — *Conservation des êtres créés.* — Gouvernement du
  monde. — *Répartition des biens et des maux,* par G. CONTESTIN, chanoine titulaire de Nîmes.   1 vol.
Théorie de l'Education, par L. LABERTHONNIÈRE, de l'Oratoire, Supérieur du Collège de Juilly.   1 vol.

Demander la liste complète *des volumes* Science et Religion
parus à ce jour.

SAINT-AMAND, CHER. — IMPRIMERIE BUSSIÈRE.

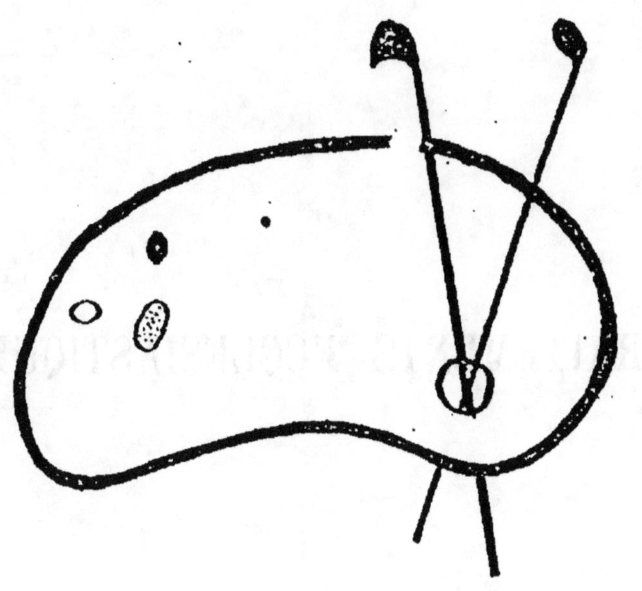

FIN D'UNE SERIE DE DOCUMENTS
EN COULEUR

LES TRAITEMENTS ECCLÉSIASTIQUES

SCIENCE ET RELIGION
Études pour le temps présent
SÉRIE HISTORIQUE
publiée sous les auspices de la Société Bibliographique

Questions de droit ecclésiastique et civil

LES
Traitements Ecclésiastiques

PAR

l'abbé Lucien CROUZIL

Docteur en Droit
(ès sciences politiques et économiques)
Chargé de Cours à l'Institut catholique de Toulouse

PARIS
LIBRAIRIE B. BLOUD
4, RUE MADAME ET RUE DE RENNES, 59
1903

LES
TRAITEMENTS ECCLÉSIASTIQUES

CHAPITRE PREMIER

CARACTÈRE DES TRAITEMENTS ECCLÉSIASTIQUES

Les traitements ecclésiastiques doivent-ils être considérés comme des traitements véritables payés aux membres du clergé au même titre que ceux des fonctionnaires ou bien doit-on voir en eux une indemnité qui représente les revenus des biens d'Eglise confisqués au temps de la Révolution ? — C'est là une question très importante, importante à l'heure actuelle ainsi que nous le verrons dans le cours de cet ouvrage, mais qui deviendrait capitale au jour où serait dénoncé le Concordat et où la séparation entre l'Eglise et le pouvoir civil s'effectuerait. Qui ne voit en effet que si l'Etat est tenu d'une dette à l'égard de l'Eglise il devra toujours, quels que soient ses rapports officiels avec Rome, fournir au clergé des moyens convenables de subsistance? Si, au contraire, nous sommes en présence de traitements ordinaires l'Etat pourra ignorer les services rendus par le clergé à une classe de citoyens et les prêtres devront recourir pour assurer leur subsistance aux libres contributions des fidèles.

Trouverait-on dans les Chambres françaises une majorité assez loyale pour reconnaître le *droit* des ecclésiastiques à recevoir une indemnité, même après l'abrogation du Concordat? C'est une chose fort douteuse ; néanmoins ce droit existe et on peut le démontrer aussi bien par l'histoire que par des considérations d'ordre juridique.

Dans la nuit du 4 août 1789 des représentants des trois ordres, du Clergé, de la Noblesse et du Tiers État consacraient en principe l'abolition de tous les privilèges et la ruine du régime féodal. Par décret de la même date l'Assemblée nationale décidait la suppression des dîmes de toute nature et des redevances en tenant lieu possédées par les corps séculiers et réguliers, par les bénéficiers, les fabriques et gens de mainmorte « sauf, disait le texte, à aviser aux moyens de subvenir d'une autre manière aux dépenses du culte divin, à l'entretien des ministres des autels, au soulagement des pauvres, aux réparations et reconstructions des églises, etc... » Le mois suivant, le 29 septembre, l'Assemblée nationale invitait les évêques, curés, chapitres, communes, fabriques etc., à faire porter « à l'hôtel des monnaies le plus prochain » toute l'argenterie des églises qui n'était pas nécessaire au culte divin. Enfin le 2 novembre 1789 l'Assemblée Nationale acheva son œuvre (1) en décrétant que « tous les biens ecclésiastiques sont à la disposition de la nation *à la charge de pourvoir d'une manière convenable aux frais du culte, à l'entretien de ses ministres et au soula-*

(1) Dans la pensée de l'Assemblée nationale, il n'y eut pas, semble-t-il, spoliation. Les biens ecclésiastiques furent simplement mis *à la disposition* de la nation ; comme l'a dit Mirabeau, il ne s'est pas agi de prendre les biens du clergé pour payer les dettes mais de constituer un gage ; d'obtenir ainsi du crédit et de la confiance. En fait, la dépossession du clergé devint une spoliation véritable quand la vente des biens ecclésiastiques fut ordonnée par le décret des 17-24 mars 1790. — V. ANGLADE, *De la sécularisation des biens du clergé sous la Révolution*, p. 103.

gement des pauvres... » L'art. 2 du même décret assurait
à chaque cure une dotation d'au moins 1200 livres, non
compris le logement et les jardins en dépendant. — Si
ces divers textes dépouillent le clergé et les églises de leurs
biens, on remarquera cependant que comme obligation
correspondante ils imposent à l'Etat la charge de pourvoir aux frais du culte et à l'entretien de ses ministres (1).

Un peu plus tard, le caractère d'indemnité des traitements ecclésiastiques fut encore affirmé devant l'Assemblée nationale par Garat l'aîné. « Ce n'est pas, disait-il,
du plus pur trésor de l'Etat que les traitements ecclésiastiques doivent être payés : à vrai dire la nation ne paie
rien ici, elle ne fait que dispenser une partie de ce qui
était destiné à ce service. Il faut conserver ce *souvenir de
justice* devant lequel disparaissent les calculs de finances. »
Et l'Assemblée nationale vota le 12 juillet 1790 le traitement du clergé par un décret qui fut promulgué avec la
Constitution civile du clergé. Enfin la Constitution du 3 septembre 1791 décida que « sous aucun prétexte les fonds
nécessaires à l'acquittement de la dette nationale ne
pourront être refusés ni suspendus. *Le traitement des ministres du culte catholique* pensionnés, conservés, élus ou
nommés en vertu des décrets de l'Assemblée constituante
fait partie de la dette nationale » (titre V, art. 2) (2).

Jusqu'ici les traitements ecclésiastiques nous apparaissent comme une dette de l'Etat vis-à-vis de l'Eglise de
France ; mais voici que par deux décrets en date du
deuxième jour des Sans-Culottides an II et du 3 ventôse
an III (18 septembre 1794 et 21 février 1795), la Convention décida que « la République française ne paierait plus

(1) Voici, d'ailleurs, le principe qui devait être posé dans la
déclaration des droits du 24 juin 1793 : « Nul ne saurait être
privé de la moindre portion de son patrimoine sans le paiement d'une juste et préalable indemnité. » V. L de PANTHOU,
Des traitements ou allocations ecclésiastiques, p. 5.
(2) V. encore le décret du 27-28 juin 1793, etc...

le salaire d'aucun culte ». Faut-il dire avec M. Fallières, ministre des cultes en 1882, qu'en abolissant les décrets de la Constituante, la Convention fit disparaître le caractère d'indemnité que les traitements du clergé avaient conservé jusqu'alors ? Evidemment non, car aucune assemblée ne pouvait affranchir la nation d'une dette que ses représentants avaient reconnue et proclamée inviolable. « Depuis quand, dirons-nous avec Mgr Freppel, un engagement n'est-il plus un engagement par le seul fait qu'on s'y dérobe ? Depuis quand une dette de justice cesse-t-elle d'être une dette parce que le débiteur refuse de la payer ? Est-ce qu'il peut suffire d'un coup de majorité pour rayer du Grand Livre les titres des créanciers de l'Etat français ? »

Mais supposons, si on le veut, que les décrets de la Constituante aient été abrogés par ceux de la Convention : même dans ce cas, nous pourrons affirmer qu'actuellement les traitements des évêques et des curés ont le caractère d'une indemnité. Lisons, en effet, les articles 13 et 14 du Concordat, contrat solennel et synallagmatique, auquel, on le sait, aucune modification ne peut être apportée par la volonté d'une seule des parties.

Art. 13. « Sa Sainteté, pour le bien de la paix et l'heureux rétablissement de la religion catholique, déclare que ni elle ni ses successeurs ne troubleront en aucune manière les acquéreurs des biens ecclésiastiques aliénés, et qu'en conséquence la propriété de ces mêmes biens, les droits et revenus y attachés, demeureront incommutables entre leurs mains ou celles de leurs ayants cause.

Art. 14. « Le gouvernement assurera un traitement convenable aux évêques et aux curés dont les diocèses et les paroisses seront compris dans la circonscription nouvelle. »

C'est une théorie traditionnelle que ces deux articles forment un petit traité synallagmatique à part, inséré dans le texte général du Concordat : le pape, d'un côté, s'engageait à considérer comme un fait accompli la confiscation des biens ecclésiastiques aliénés, et de l'autre l'Etat, pour payer cette abdication légitime et qui allait prévenir bien des conflits, promettait de donner aux ministres du culte des traitements convenables, qui par suite apparaissent comme de véritables dettes de sa part. — Telle n'est pas cependant la manière de voir de MM. Macarel et Boulatignier (1) et de M. Ducrocq (2). Les deux premiers de ces auteurs rattachent l'art. 13 du Concordat, non à l'art. 14 mais à l'art. 12 qui met à la disposition des évêques toutes les églises métropolitaines, cathédrales, paroissiales et autres non aliénées et nécessaires au culte. Les biens provenant du Clergé, disent-ils, après avoir été mis à la disposition de la nation par la loi des 2 4 novembre 1789, furent vendus comme les autres propriétés nationales et cette vente continua jusqu'à ce que le Concordat du 18 germinal an X eût stipulé par son art. 12 que toutes les églises métropolitaines, cathédrales, paroissiales et autres non aliénées et qui seraient nécessaires au culte, seraient remises à la disposition des évêques. En échange de cette concession du gouvernement français, le pape Pie VII, pour le bien de la paix et l'heureux rétablissement de la religion catholique déclara, que ni lui ni ses successeurs ne troubleraient en aucune manière les acquéreurs des biens ecclésiastiques aliénés... » Et MM. Macarel et Boulatignier complètent leur théorie en rapprochant des art. 12 et 13 du Concordat les art. 72 et 73 des Organiques (3). — Quant à M. Du-

(1) MACAREL et BOULATIGNIER, *De la fortune publique en France et de son administration* (1838-1840), tome II, pp. 183 et 184, n° 421.

(2) DUCROCQ, *Cours de droit administratif et de législation française des finances*, 1898, tome III, p. 465 s.

(3) Art. 72. — Les presbytères et les jardins attenants, non aliénés, seront rendus aux curés et aux desservants des succursales. A défaut de ces presbytères, les conseils généraux

crocq, voici comment il s'exprime : « Nous nous gardons bien de dire que les suppressions de traitements ecclésiastiques ne sont pas possibles parce que ces traitements auraient le caractère de restitution ou d'indemnité en raison de la nationalisation des biens du clergé par les lois de la Révolution ; cette prétention nous a toujours paru inadmissible. La lettre de l'abbé Bernier, en date du 21 brumaire an IX, au plénipotentiaire du Saint-Siège, montre combien le gouvernement français et ses plénipotentiaires étaient loin d'admettre l'idée d'une indemnité au clergé pour la vente des biens ecclésiastiques... Le rapprochement de l'art. 14 du Concordat, relatif aux traitements des ministres du culte et de l'art 13 est entièrement fortuit et sans portée. L'introduction au budget de l'État du budget du culte catholique n'a pas plus le caractère d'une dette nationale que celle du budget des cultes protestants. »

L'argument que M. Ducroq tire de la lettre de Bernier à Spina, en date du 21 brumaire an IX, n'a aucune valeur. Nous avons lu cette lettre en entier dans le premier volume des documents sur la négociation du Concordat, publiés par M. Boulay de la Meurthe (1) : c'est uniquement un exposé des raisons qui peuvent déterminer le pape à confirmer les ventes nationales de biens ecclésiastiques ; sans doute il n'est pas parlé dans cette lettre des traitements qui compenseront le sacrifice proposé au pape mais que peut-on induire de ce silence ? absolument rien,

des communes sont autorisés à leur procurer un logement et un jardin.

Art. 75. — Les édifices anciennement destinés au culte catholique, actuellement dans les mains de la nation, à raison d'un édifice par cure et par succursale, seront mis à la disposition des évêques par arrêté du préfet du département. Une expédition de ces arrêtés sera adressée au conseiller d'État chargé de toutes les affaires concernant les cultes.

(1) BOULAY DE LA MEURTHE, *Documents sur la négociation du Concordat*, t. I, page 121.

car la question des biens ecclésiastiques aliénés et celle des traitements du clergé, pour être indissolublement rattachées l'une à l'autre dans le Concordat, n'en sont pas moins deux questions distinctes, qui ont pu, dans certains documents, être traitées indépendamment l'une de l'autre.

Quant à l'argumentation de MM. Macarel et Boulatignier, elle repose sur une hypothèse purement gratuite et qu'il leur eût été fort difficile de justifier. Pour nous convaincre que l'intention des auteurs du Concordat, — intention qui doit régler notre jugement en cette matière, — était bien de rattacher à l'article 13 l'article 14 et non l'article 12, nous n'avons qu'à parcourir les correspondances diplomatiques qui ont préparé la convention du 26 messidor an IX.

Le 13 novembre 1800, Mgr Spina écrivait à Bernier (1) : « Vous me dites... que le bien de la paix, le repos de l'État, le rétablissement de la religion catholique au milieu de la France, dépendent essentiellement de la conservation des aliénations des biens ecclésiastiques... Puisque le rétablissement de la religion catholique en France comme dominante... dépend du sacrifice des biens ecclésiastiques déjà aliénés, je vous promets de le proposer à Sa Sainteté et je me flatte qu'elle l'adoptera de la manière la plus convenable à son autorité apostolique.

« Mais Sa Sainteté, en faisant usage de toute son indulgence envers les acquéreurs de biens ecclésiastiques, vous conviendrez qu'elle ne doit en aucune manière perdre de vue les intérêts de la religion et la subsistance de ses ministres. Il faut donc que le gouvernement assure la subsistance, non seulement des évêques, mais encore des curés et de tous les autres ministres inférieurs. Je ne doute pas qu'il ne le fasse d'une manière digne de sa générosité, etc... »

(1) BOULAY DE LA MEURTHE, *op. cit.*, t. I, p. 127 s.

Voyons maintenant quelles étaient les intentions du pouvoir civil. Le 14 janvier 1801, l'on remettait à Mgr Spina un projet de Convention divisé en neuf titres. L'art. 1er du titre VII (1) était ainsi conçu : « La République accorde aux titulaires des évêchés et des cures le traitement annuel qui leur fut accordé par les décrets de l'Assemblée Constituante, des 24 juillet, 3, 6, 11 août 1790. » Le titre VIII disait dans son article unique : « Le Saint-Siège reconnaît les aliénations des domaines ecclésiastiques faites en vertu des lois de la République et la propriété incommutable de ces domaines dans les mains des acquéreurs ; il interdit, tant aux ecclésiastiques qu'aux fidèles, toute réclamation sur cet objet. » Ces deux dispositions, on le voit, constituent en substance les articles 14 et 13 du futur Concordat. Or, Bernier, le 26 février, rédigeait une note sur ce projet, note destinée à Mgr Spina, et disait dans son commentaire des titres VII et VIII (2) : « Le gouvernement se persuade que ces deux titres, *qui semblent n'en faire qu'un* et qui ont pour objet, l'un le traitement du clergé gallican, l'autre la ratification de l'aliénation des biens ecclésiastiques, n'éprouveront aucune difficulté. » — Il est donc bien démontré que les vues du gouvernement, en rapprochant les dispositions de l'art. 13 des dispositions de l'art. 14 étaient les mêmes que celles du pape et que, de part et d'autre, on considérait les traitements ecclésiastiques comme une compensation équitable de l'abandon de droits consenti par le Souverain Pontife.

Ce qui montre bien que le gouvernement français ne changea pas de manière de voir, c'est le fait suivant : le 8 ou le 9 juillet 1801, une semaine avant la signature définitive du Concordat, le cardinal Consalvi refit, d'accord avec Bernier, une troisième et dernière version de son

(1) Id., *ibid.*, p. 281 et 282.
(2) Boulay de la Meurthe, *op. cit.*, t. I, p. 313 et 314.

contre-projet: ce document est malheureusement perdu, ainsi que les deux versions qui l'ont précédé, mais nous pouvons connaître les dispositions qu'il contenait par le mémoire que fit Bernier sur cette troisième version, le 11 juillet, quatre jours avant le Concordat. Voici ce que dit Bernier à propos de l'article 2 du titre V (1): Art. 2. Le contenu de cet article renferme tout ce que l'on peut désirer. Le Pape ne peut ni ne doit dire : Je renonce à tel bien ; ce bien ne lui appartenait pas. Il ne l'administrait pas. L'Eglise gallicane le possédait et l'administrait seule, d'après nos libertés : ce serait donc elle seule qui pourrait employer le mot « renonciation ». Le Pape peut et doit seulement dire qu'il ne troublera pas ; qu'il s'engage pour ses successeurs à ne pas inquiéter ; que la propriété de la chose, les droits et revenus y attachés sont incommutables. Voilà ce qui convient à son titre et la seule chose que l'on puisse désirer. » Et dans son commentaire de l'article 3 du même titre, Bernier poursuit : « Cet article est *la compensation naturelle* de celui qui précède. Il est admis tel qu'on l'a proposé et ne peut par là même éprouver d'obstacle. » — Or, de l'ensemble des négociations diplomatiques relatives au Concordat, il résulte d'une manière évidente que Bernier faisait allusion par cette « compensation naturelle » à la promesse de traitements qui apparaît à la même place (titre V, art. 3) dans le projet de convention nº VIII (2), discuté le 13 juillet, et dans le projet de convention nº IX (3), émanant du Premier Consul, en date du 13 juillet 1801 (4). — Com-

(1) Id., *ibid.*, t. III, p. 191, 192.
(2) Boulay de la Meurthe, *op. cit.*, t. III, p. 203.
(3) Id., *ibid.*, p. 213.
(4) L'adoption du contre-projet de Consalvi et du mémoire de Bernier, au point de vue des deux dispositions qui nous occupent, paraît avoir eu lieu sans difficulté. Cependant, le 13 juillet, d'Hauterive présentait au premier Consul quelques observations sur les changements qu'on lui proposait d'appor-

ment dire maintenant avec M. Ducrocq, que le rapprochement des articles 13 et 14 du Concordat est purement
fortuit et sans portée ? Quant à nous, nous croyons avoir
suffisamment démontré, qu'au moment du Concordat, les
traitements ecclésiastiques constituaient aux yeux de tous,
aux yeux de l'Etat comme aux yeux de l'Eglise, une véritable dette (1) ; dette à laquelle le gouvernement est encore tenu et dont il ne peut s'exonérer par sa seule volonté, notamment par des saisies de traitements telles
que les préfets ou les ministres en ont souvent prati-
qué. C'est de ces saisies que nous allons maintenant
démontrer le caractère absolument arbitraire.

ter au dernier projet de convention, rédigé le 26 juin. Sa
troisième remarque est la suivante : « 3° L'art. 3 du titre V
(du contre-projet) porte d'une manière très positive l'engagement que prend le gouvernement. Dans la forme du dernier
projet, le traitement du clergé devait indubitablement résulter
de la promesse faite par le gouvernement de la République,
et cette certitude doit suffire au Pape ». Le projet du 26 juin
se contentait de dire en effet : « Le Gouvernement *prendra les
mesures nécessaires* pour assurer un traitement convenable
aux évêques et aux curés... » et d'Hauterive combattait très
vraisemblablement la formule beaucoup plus nette: « Le gouvernement *assurera* un traitement convenable... » formule que
Consalvi devait avoir insérée dans son contre-projet, qu'adopta
le Concordat, et qu'il avait réclamée dans ses éclaircissements
du 2 juillet: « Art. 14. — In quest' articolo abbiamo retinuta
la parola « le gouvernement assurera » piuttosto che « prendra
des mesures ». Tout cela confirme et complète ce que nous
avons déjà dit dans le texte. — V. dans BOULAY DE LA MEURTHE,
t. III, p. 200, 132 et 139 les documents que nous venons de
citer dans cette note.

(1) « En déclarant nationaux les biens du clergé catholique
« disait Portalis dans son rapport au Conseil d'Etat sur les
« articles organiques, on avait compris qu'il était *juste* d'as-
« surer la subsistance des ministres à qui ces biens avaient été
« originairement donnés. On ne fera donc qu'exécuter *ce prin-*
« *cipe de justice* en assignant aux ministres catholiques des
« revenus complémentaires jusqu'à la concurrence de la
« somme réglée pour le traitement de ces ministres. »

CHAPITRE II

SUPPRESSION DES TRAITEMENTS ECCLÉSIASTIQUES (1)

Le ministre des Cultes commença à user de cette mesure disciplinaire en 1882, à la suite de l'agitation qu'avait soulevée l'application des décrets et l'apparition des quatre fameux manuels d'instruction civique dont le plus connu est celui de M. Paul Bert. « En 1883, dit le P. Prélot, le ministre parut éprouver quelques doutes, sinon sur l'existence, du moins sur l'étendue de ses droits. En effet, conformément à une proposition de M. Paul Bert, la Chambre des députés venait, lors du vote de la loi des finances, d'introduire dans l'intitulé du chapitre IV du budget des cultes, la modification qui consiste à distinguer le *traitement* des curés de l'*allocation* des desservants. Cette rédaction nouvelle avait été ratifiée par le Sénat. Bien que M. Paul Bert eût déclaré qu'en proposant ce changement il n'avait eu d'autre but que de donner aux succursalistes un avertissement qui était, disait-il, de nature à être entendu, le ministre des Cultes se demanda si cette modifi-

(1) Le gouvernement français n'est pas le seul qui ait usé de cette mesure disciplinaire à l'égard du clergé. Il y a peu d'années, en Espagne même, des suppressions de traitements eurent lieu contre lesquelles Mgr l'évêque de Tuy a vivement protesté. V. EGREMONT, *L'année de l'Eglise*, 1898, p. 251.

cation n'avait pas eu pour effet indirect de consolider la situation des curés cantonaux et de les soustraire à la suppression administrative. Il posa la question au Conseil d'Etat. » Celui-ci répondit par l'avis suivant, en date du 26 avril 1883, qui reconnaissait au gouvernement le droit de supprimer tous les traitements ecclésiastiques, ceux des curés comme ceux des desservants :

Avis du Conseil d'Etat du 26 avril 1883 : « Le Conseil d'Etat, consulté par M. le ministre de la Justice et des Cultes sur la question de savoir si la distinction établie par la loi des finances du 30 décembre 1882, entre les allocations des vicaires généraux, chanoines, desservants et vicaires et les traitements des curés et évêques ne porte aucune modification aux droits de police du gouvernement et notamment à son pouvoir de prononcer la suppression des traitements comme des allocations par voie disciplinaire,

« Vu les articles 1, 14 et 16 de la Convention du 26 messidor an IX (Concordat), ensemble les articles 68 et 70 de la loi de germinal an X ;

« Vu le décret du 17 novembre 1811 ;

« Vu l'article 27 du décret du 6 novembre 1813 ;

« Considérant que l'Etat possède sur l'ensemble des services publics un droit suprême de direction et de surveillance qui dérive de sa souveraineté ;

« Qu'en ce qui concerne les titulaires ecclésiastiques ce droit a existé à toute époque et s'est exercé, dans l'ancien régime, par voie de saisie du temporel ;

« Qu'il n'a pas été abrogé par la législation concordataire et que son maintien résulte de l'article 16 de la Convention du 26 messidor an IX, qui a formellement reconnu au chef de l'Etat les droits et prérogatives autrefois exercés par les rois de France ;

« Que depuis il n'a été dérogé à cette législation traditionnelle par aucune mesure législative ou réglementaire ; qu'au contraire les Chambres en ont approuvé l'application toutes les fois qu'elle leur a été soumise, notamment en 1832, en 1861 et en 1882;

« Considérant, d'autre part, que, ni dans les discussions auxquelles le principe a donné lieu, ni dans les applications qui en ont été faites, il n'y a eu de distinction entre les différents titulaires ecclésiastiques ;

« Que la modification apportée à l'intitulé du chapitre IV du budget des cultes pour 1883 n'a eu ni pour but ni pour effet de changer l'état des choses antérieur ;

« Est d'avis : que le droit du gouvernement de suspendre ou de supprimer les traitements ecclésiastiques par mesure disciplinaire s'applique indistinctement à tous les ministres du culte salariés par l'Etat ».

Le Conseil d'Etat eut à se prononcer une seconde fois sur la suppression des traitements ecclésiastiques le 1er février 1889 : deux prêtres, l'un de la Dordogne, l'autre des Alpes-Maritimes, MM. les abbés Sailhol et Gléna ayant été privés de leur traitement, déférèrent les décisions ministérielles qui les frappaient au Conseil d'Etat. L'administration des cultes se borna à présenter un déclinatoire d'incompétence. Suivant elle, les suppressions de traite. ments ecclésiastiques sont des actes de gouvernement ou des actes se rattachant à l'interprétation du Concordat et, à ce titre, ne peuvent faire l'objet d'un recours pour excès de pouvoir. — Malgré les brillantes plaidoiries de Me Morillot et de Me Chauffard, malgré le rapport très favorable de M. Gauwain, maître des requêtes, le Conseil d'Etat rejeta les requêtes des Sailhol et Gléna parce que, disait l'arrêt, « les décisions prises dans l'exercice de son pouvoir de haute discipline par le ministre chargé du service de la police des cultes ne sont pas susceptibles d'être discutées devant le Conseil d'Etat statuant au Contentieux. »

Ainsi toute liberté était laissée au ministre qui en usa sans scrupules : dans la séance de la Chambre des députés du 20 janvier 1893, M. Dupuy, alors ministre des cultes, révélait que jusqu'à cette date, sous la 3ᵉ République, il y avait eu suppression de 1217 traitements ; dans le courant de la seule année 1892, 8 évêques eurent leur traitement supprimé.

Que faut-il penser des prétentions ministérielles et des arguments donnés par le Conseil d'Etat pour justifier ces prétentions ?

Il importe de faire ici une remarque préalable : c'est que l'ecclésiastique qui vient toucher son mandat à la trésorerie générale ou chez le percepteur ne s'y présente pas comme pensionné mais comme créancier ; cela résulte des textes antérieurs au Concordat que nous avons examinés dans le précédent chapitre et du Concordat lui-même. D'où il suit que l'Etat débiteur, ne peut évincer en aucune manière l'ecclésiastique créancier et qu'à tous les arguments que peut invoquer le pouvoir civil il est permis d'opposer une fin de non recevoir absolue. Mais mieux vaut suivre nos adversaires sur le terrain qu'eux-mêmes ont choisi.

Le Conseil d'Etat invoque tout d'abord les articles 1, 14 et 16 du Concordat. — L'article 1 est ainsi conçu : « La religion catholique, apostolique et romaine, sera librement exercée en France. Son culte sera public, en se conformant aux règlements de police que le gouvernement jugera nécessaires pour la tranquillité publique. » Nous avons peine à comprendre comment le Conseil d'Etat a pu baser sa décision sur un pareil texte, tant il nous paraît clair qu'il vise les seuls règlements de police destinés à réglementer l'exercice du culte catholique à l'extérieur des églises, sur les voies publiques (1).

S'il existait un règlement sur la suppression des traitements ecclésiastiques, en supposant, ce qui n'est pas le cas, qu'il pût légalement être fait, pourquoi donc M. Paul

_____

(1) V. Paul Besson, *Revue catholique des Institutions et du droit*, 1883, 2ᵉ volume, p. 485 s.

Bert aurait-il saisi la Chambre d'un projet de loi dans le but de justifier cette mesure ? Et enfin si ce règlement ou cette loi devaient être sanctionnés par une peine, qui ne voit immédiatement qu'il appartiendrait au pouvoir judiciaire et nullement à l'administration de la prononcer ?

Dans l'article 14 du Concordat le Conseil d'Etat ne pouvait chercher aucun argument en faveur de sa thèse, puisque cet article consacre, au contraire, le droit des ecclésiastiques à recevoir un traitement.

L'argument tiré de l'article 16 paraît, à première vue, un peu plus sérieux : « Sa Sainteté, dit cet article, reconnaît dans le premier consul de la République Française, les mêmes droits et prérogatives dont jouissait auprès d'elle l'ancien gouvernement. » Or, prétendent les défenseurs de la théorie du Conseil d'Etat, parmi les droits et prérogatives de l'ancien gouvernement qui se sont transmis ainsi au nouveau, il faut compter le droit de saisir le temporel des évêques et des curés, droit depuis longtemps reconnu aux rois de France (1). — Ces juristes ont oublié de lire, dans l'article 16, trois mots qui ont leur importance. Sa Sainteté ne reconnaît pas dans le premier Consul toutes les prérogatives dont jouissaient les anciens rois, mais uniquement celles dont ces derniers jouissaient « près d'elle ». Or, parmi ces prérogatives, il est légitime de comprendre le droit de préséance de l'ambassadeur de France sur les dignitaires de la Cour pontificale, le droit de patronage des établissements français à Rome, le droit d'intervention dans la promotion des cardinaux, dits cardinaux de la couronne, le droit d'assistance aux conciles œcuméniques, le droit d'avoir une chapelle exempte de la juridiction de l'Ordinaire, celui d'être cha-

(1) Faisons remarquer avec M. DUCROCQ, *op. cit.*, t. III, p. 409 qu'il serait absolument inadmissible qu'il n'y eût pas à cet égard égalité de situation entre les ministres des Cultes reconnus, et que ceux de la minorité fussent mieux traités que ceux de la majorité.

noine de Saint Jean-de-Latran (1), etc., mais il ne saurait être question d'ajouter à cette liste le droit de saisir le temporel des évêques et des curés qui d'ailleurs n'a jamais été concédé par les souverains pontifes (2). Ce n'est d'ailleurs que par une altération du texte de l'article 16 que le Conseil d'Etat a pu établir sa théorie. Dans la note adressée au Conseil d'Etat par l'administration des cultes, les mots « dont jouissait *près d'elle* l'ancien gouvernement » furent changés en ceux-ci beaucoup plus généraux : « les droits et prérogatives dont jouissaient, *en matière ecclésiastique*, les anciens rois de France ». Enfin le Conseil d'Etat lui-même opéra un dernier changement dans son avis où les mots « en matière ecclésiastique » disparaissent à leur tour : « Vu, dit le Conseil, l'article 16 du Concordat qui a formellement reconnu au chef de l'Etat les prérogatives autrefois exercées par les rois de France... » Il faut le dire, à l'honneur du Conseil d'Etat, il n'a plus osé, en 1889, invoquer l'article 16 (3).

(1) Voir l'ouvrage intitulé : *Privilèges accordés à la couronne de France par le Saint-Siège* (collection des *Documents inédits sur l'Histoire de France*) (Imprimerie nationale, 1855.) Cet ouvrage donne des détails très intéressants. On y voit qu'en vertu d'une bulle d'Alexandre IV du 29 avril 1255, le chef de l'Etat peut communiquer avec des excommuniés, sans encourir l'excommunication ; qu'en vertu d'une bulle de Clément V (4 janvier 1306), le Roi (aujourd'hui le Président de la République), gagne un an d'indulgence chaque fois qu'il assiste à un sermon et qu'il fait gagner la même indulgence à tous ceux qui, dans l'auditoire, sont en état de grâce. Une bulle de la même date concède au roi de France le droit d'ordonner que son corps sera divisé en plusieurs parties et enseveli dans une ou plusieurs églises à son choix.

(2) Le 4e Concile de Latran, le Concile de Trente (sess XXII, ch. II), Boniface VIII, se sont élevés contre cet abus. La bulle *Apostolicæ sedis*, de Pie IX, frappe d'une excommunication *latæ sententiæ*, spécialement réservée au Souverain Pontife « usurpantes aut, sequestrantes jurisdictionem, bona, redditus, ad personas ecclesiasticas ratione suarum ecclesiarum aut beneficiorum pertinentia. »

(3) Nous ne parlerons pas des articles 68 et 70 des Organiques

Le Conseil d'Etat invoque ensuite deux décrets du premier Empire, l'un du 17 novembre 1811, l'autre du 6 novembre 1813 (art. 27). Nous pourrions rejeter ces textes *a priori* comme n'ayant aucune valeur : du moment que le Concordat de 1801 réglait les rapports officiels de l'Eglise et de l'Etat français, il était impossible au gouvernement de supprimer par une mesure quelconque la garantie de traitement que ce traité solennel donnait aux évêques et aux curés ; mais il ne nous déplaît pas d'examiner les textes de 1811 et de 1813 qui sont cités par nos contradicteurs.

Le décret du 17 novembre 1311 porte que dans le cas où un titulaire se trouverait éloigné temporairement de sa paroisse pour mauvaise conduite ou pour maladie, un ecclésiastique sera nommé par l'évêque pour le remplacer provisoirement. Les articles 2 et suivants de ce décret indiquent les règles à suivre pour établir le montant de l'indemnité due au remplaçant ; en principe, cette indemnité est prise sur le revenu du titulaire en argent ou en biens fonds. Le décret du 6 novembre 1813 renouvelle et précise ces dispositions dans son article 27 : « Dans le cas où il y aurait lieu à remplacer provisoirement un curé ou desservant qui se trouverait éloigné du service par suspension, par peine canonique, ou par maladie, ou par voie de police, il sera pourvu à l'indemnité du remplaçant, conformément au décret du 17 novembre 1811.

visés dans l'avis du Conseil d'Etat du 26 avril 1883 ; leur teneur indique suffisamment qu'ils ont été faits pour régler une situation toute transitoire et qu'ils n'ont rien à voir avec la question qui nous occupe :

« Art. 68. Les vicaires et desservants seront choisis parmi les ecclésiastiques pensionnés en exécution des lois de l'Assemblée Constituante. Le montant de ces pensions et le produit des oblations formeront leur traitement.

« Art. 70. Tout ecclésiastique pensionnaire de l'Etat sera privé de sa fonction s'il refuse, sans cause légitime, les fonctions qui pourront lui être confiées. »

— Cette disposition s'appliquera aux curés ou succursales dont le traitement est, en tout ou en partie, payé par le trésor impérial. » — Par ces mots : « mesure de police, inconduite », etc., les décrets de 1811 et de 1813 ne visent pas le cas des ecclésiastiques qui sont sous le coup de poursuites judiciaires ou autres, ils font plutôt allusion aux mesures de haute police dont le gouvernement de Napoléon Ier a trop souvent usé et qui consistaient, par exemple, à enlever un ecclésiastique, à le conduire de brigade en brigade jusqu'à un fort, éloigné de 20 ou 25 lieues (1), à l'embastiller, comme au beau temps de l'ancien régime, à Vincennes, à Fenestrelles, à l'île Sainte-Marguerite ou dans quelque autre prison d'Etat (2). N'oublions pas que notre décret est de 1813, de l'année où l'empereur a arraché à Pie VII le concordat de Fontainebleau et a, plus que jamais peut-être, érigé l'arbitraire en système.

Ces explications étant données, l'on ne peut plus sérieusement prétendre que lorsque le gouvernement supprime le traitement d'un ecclésiastique, il fait application des décrets de 1811 et de 1813 : pour remettre en vigueur ces textes, il faudrait revenir aux procédés despotiques du premier empire ; c'est-à-dire à des abus absolument inconciliables avec l'ensemble de notre droit public. — De plus, nous devons faire remarquer que, dans aucun des cas prévus par nos décrets, les traitements ne restaient comme aujourd'hui dans les caisses du Trésor, ils étaient

____

(1) V. quelques exemples de cette procédure plus que sommaire dans JAUFFRET, *Mémoires historiques sur les affaires ecclésiastiques en France*, t. II, pp. 387, 388, t. III, p. 87.

(2) Un procès-verbal retrouvé par M. Picot dans une armoire du ministère de la justice, fait connaître qu'en 1812, les prisons d'Etat de Vincennes, d'Ham et de Fenestrelles renfermaient 4 cardinaux, 4 évêques, 2 supérieurs généraux d'ordres, 1 vicaire général, 9 chanoines et 38 curés, desservants ou vicaires.

toujours attribués en totalité ou en partie aux ecclésiastiques remplaçants ou remplacés.

Enfin notons que les deux décrets ne visaient qu'un seul cas nettement déterminé : le défaut de résidence ; ils supposaient un titulaire malade, frappé d'une peine canonique ou éloigné de son poste par mesure de police, ils supposaient un remplaçant nommé par l'évêque et payé au moyen des fonds retenus au titulaire. Que nous sommes loin du cas sur lequel le Conseil d'État avait à donner son avis !

Le Conseil d'État ajoute aux arguments de textes que nous avons examinés : « Considérant que l'État possède sur l'ensemble des services publics un droit supérieur de direction et de surveillance qui dérive de sa souveraineté ; qu'en ce qui concerne les titulaires ecclésiastiques ce droit a existé à toute époque et s'est exercé, dans l'ancien Régime, par voie de saisie de temporel ; qu'il n'a pas été abrogé par la législation concordataire et que son maintien résulte de l'article 16 de la Convention de messidor an IX... »

Il est très vrai que l'État possède sur les divers services publics un droit supérieur de direction et de surveillance ; mais le service des cultes n'est pas un service public ordinaire, le personnel des ministres qui en assurent l'exécution n'est pas, en effet, un corps de fonctionnaires, ainsi que l'a fort bien démontré Mgr Freppel dans la séance de la Chambre des députés du 14 novembre 1882 et ainsi que l'a reconnu le Conseil d'État lui-même dans l'interprétation de l'article 75 de la Constitution de l'an VIII sur la garantie des fonctionnaires civils (1). Ne sont fonctionnaires que ceux qui ont reçu délégation de la puissance publique ; or, tandis que les magistrats rendent la justice au nom du peuple, tandis que les percepteurs reçoivent

(1) V. dans le même sens les arrêts de la Cour de cassation du 28 mai 1831. V. de BROGLIE, *Le Concordat*, p. 64 66. V. *Études religieuses des PP. jésuites*, mars 1890.

les impôts au nom de l'Etat, les évêques et les prêtres remplissent leurs fonctions au nom de Dieu lui-même, si bien, qu'au dire du procureur général Dupin, « considérer le prêtre comme un fonctionnaire c'est blesser le sacerdoce dans son essence ». Ce qui montre bien que les évêques, curés et desservants ne font pas partie de la hiérarchie des fonctionnaires, c'est que leurs actes ne relèvent pas du ministre des cultes et que les décisions épiscopales ne sont pas soumises au recours pour excès de pouvoir (1). Le recours pour abus, le seul qui existe contre les actes ecclésiastiques, n'apparaît que comme un arbitrage destiné à départager deux pouvoirs d'ordre différent. — L'on objectera peut-être que les ministres du culte catholique reçoivent un traitement (2) de l'Etat, mais, ainsi que nous l'avons déjà vu, ce traitement n'est que le paiement d'une dette ; d'ailleurs le salaire attaché à une fonction n'en change nullement la nature ; les membres de l'Institut reçoivent des allocations et ne sont pas des fonctionnaires ; en revanche, les juges des tribunaux de commerce ont cette qualité et ne reçoivent aucun traitement (3).

Soit, nous dira-t-on peut-être, les évêques, les curés et les desservants ne sont pas des fonctionnaires, nous voulons bien l'admettre ; mais il n'en est pas moins vrai qu'il

---

(1) V. LAFERRIÈRE, *Traité de la juridiction administrative*, 2ᵉ éd., II, p. 423.

(2) Ce mot, employé par le Concordat, n'étant pas officiellement défini dans son sens juridique, on conçoit qu'il puisse s'appliquer à d'autres rémunérations de services, que celles des fonctionnaires publics. Pour l'interpréter, il faut voir quelles ont été les intentions des négociateurs du Concordat. Or, nous avons démontré qu'ils ont voulu donner aux « traitements » ecclésiastiques le caractère d'une indemnité et que par suite, ils ont attribué à cette expression un tout autre sens que celui qu'on lui donne de nos jours dans le langage administratif.

(3) V. *Etudes religieuses*, publiées par les PP. Jésuites, t. LXII, p. 567 (article du P. Prélot).

leur paie un traitement et que, dans une certaine mesure, ces ecclésiastiques relèvent de l'Etat qui, directement ou indirectement, les nomme ou les agrée ; ce dernier a, par suite, sur eux un pouvoir disciplinaire analogue à celui qu'il exerce sur ses fonctionnaires proprement dits. « Le gouvernement, dit en ce sens M. Castagnary, (1) organe et mandataire de la nation, est responsable, vis-à-vis d'elle du bon fonctionnement de l'appareil administratif ; son devoir est de veiller à ce que les emplois rétribués sur le trésor, c'est-à-dire avec les deniers des contribuables, soient tenus et remplis au mieux de l'intérêt commun. Pour l'accomplissement de cette tâche, le gouvernement est investi d'un pouvoir discrétionnaire qui s'applique à tous les fonctionnaires publics de quelque ordre et de quelque degré qu'ils soient... Pour n'avoir pas été compris dans le règlement d'administration publique du 9 novembre 1853 les ministres du Culte n'en sont pas moins soumis au droit de police de l'Etat et le pouvoir du gouvernement doit les atteindre au moins dans la seule partie qui lui soit accessible, le traitement... Le clergé n'est plus rattaché aujourd'hui à l'Etat que par un seul lien, le traitement qu'il en reçoit. Eh bien ! c'est précisément parce que l'Etat n'a pas d'autre prise sur les ministres du culte que celle que lui offre leur salaire, qu'il n'a qu'une part restreinte et même nulle dans leur nomination, qu'il est sans action sur leur conduite, qu'il ne peut pas prononcer leur révocation lorsqu'ils y donneraient lieu, c'est pour tout cela que l'Etat a pouvoir sur leurs traitements. Comment admettre, en effet, que l'Etat reste désarmé devant une hostilité manifeste ou devant des infractions qui, sans aller jusqu'au délit passible de la police correctionnelle, n'en sont pas moins de nature à troubler les consciences et à jeter le désordre dans le

(1) Cité d'après la *Revue catholique des Institutions et du Droit*, t. XXI, 1883, p. 125 s.

pays ? » — Ces raisonnements n'ont pour nous aucune valeur ; la nomination des évêques ou des curés, qui appartient à certains princes ou à certains gouvernements, leur appartient en vertu de la concession d'un droit qui, par sa nature, est un droit d'Eglise : en tant que société parfaite, l'Eglise a, en effet, le droit de s'administrer elle-même et de choisir librement ses chefs, indépendamment de toute intervention du pouvoir civil. On doit donc ne voir dans le privilège de nommer qu'une faveur, — obligatoire pour le Saint-Siège, il est vrai, dès qu'elle est inscrite dans un Concordat régulier, — mais faveur qui n'entraîne à sa suite aucun droit disciplinaire.

Si l'Etat jugeait utile, pour certains motifs, d'acquérir des droits disciplinaires, comme les ministres du culte catholique dépendent à ce point de vue et en vertu même de leur sacerdoce du chef de l'Eglise, une convention diplomatique serait nécessaire pour en réglementer l'exercice, pour en prévenir l'abus et pour donner tout au moins aux prêtres les garanties que l'on accorde aux divers fonctionnaires, en particulier à ceux de la direction des cultes, contre la suppression de leurs traitements (1).

Au surplus, peut-on rattacher la privation de traitements, telle qu'on la pratique à notre époque, à la saisie effectuée sous l'ancien régime ? Aujourd'hui, l'on prive un évêque ou un curé de son traitement par voie administrative, après une information secrète, sans que cet ecclésiastique ait été appelé à se défendre. Autrefois, au contraire, l'on suivait une procédure régulière, le roi ne

---

(1) L'article 14 du décret du 23 décembre 1897, qui a réorganisé les services de l'Administration des cultes est ainsi conçu : « Les mesures disciplinaires comportent : 1° la réprimande ; 2° la retenue de la *moitié* du traitement au plus pour une durée qui n'excédera pas *deux mois* ; 3° la rétrogradation ; 4° la révocation. Les pénalités sont prononcées par le Ministre, sur la proposition du Directeur et *l'agent entendu* ; les arrêtés de révocation doivent être motivés. » V. abbé GAYRAUD, *La République et la paix religieuse*, p. 161 s. (Paris, 1900.)

« faisait mettre sous sa main le temporel ecclésiastique »,
que dans les cas prévus et avec les formes établies par
les ordonnances d'Orléans et de Blois (janvier 1560 et
mai 1579) (1). Le temporel ne pouvait être saisi que dans
les quatre cas suivants : 1° Non-résidence des bénéficiers ; 2° Défaut de réparations aux édifices qui dépendaient des évêchés ou des cures ; 3° Non-paiement des
dommages-intérêts ou des amendes encourues par con-
damnations ; 4° Refus d'observer les règlements publics
ou les ordonnances du royaume. Pour prévenir tout abus
de la part des officiers royaux, voici ce que prescrivait
l'article 16 de l'Ordonnance de Blois : « ... Défendons très
expressément à tous sieurs hauts justiciers et leurs officiers de saisir ou faire saisir les biens et revenus (des)
ecclésiastiques sous prétexte de la non-résidence desdits
bénéficiers ou de réparations non faites, ains seront
icelles saisies faites esdits cas et autres par nos officiers
royaux à la requeste de nos procureurs généraux ou leurs
substituts, auxquels néanmoins défendons de procéder
à telles saisies et de vexer et travailler les bénéficiers sans
raisons et apparences. » Un édit de 1695 confirma et pré-
cisa les dispositions générales de l'ordonnance de Blois :
la saisie du temporel restait une peine applicable pour des
délits nettement précisés et tous canoniques : c'étaient le
défaut de résidence, la négligence à faire acquitter les
services et les aumônes et le défaut d'entretien des bâtiments qui dépendaient des bénéfices. « ... Nos cours de
Parlement, dit l'article 23 de l'édit de 1695, nos Baillifs,
Sénéchaux, ressortissans nuement en nosdites Cours,
pourront les en avertir, et en même tems leurs supérieurs
ecclésiastiques ; et en cas que dans trois mois après ledit
avertissement ils négligent de résider sans en avoir

____

(1) O. Orléans, janvier 1560, art. 5, 8, 13, 15, 21, 29. — Ordonnance de Blois, mai 1579, art. 15 et 16. — V. Louis GALTIER,
Des évêques dans leurs rapports avec le Pouvoir civil, Paris,
1893, A. ROUSSEAU, p. 136 s.

d'excuses légitimes, ou de faire acquitter le service et les aumônes et de faire les réparations, particulièrement aux Églises, nosdites Cours, Baillifs et Sénéchaux pourront seuls, à la requête de nos Procureurs-Généraux ou de leurs substituts, faire saisir jusqu'à concurrence du *tiers* du revenu desdits bénéfices, pour être employé à l'acquit du service et des aumônes, à la réparation des bâtimens ou distribués à l'égard de ceux qui ne résident pas, par les ordres du supérieur Ecclésiastique au profit des pauvres des lieux ou autres œuvres pies, telles qu'ils le jugeront à propos. Enjoignons à nos Officiers et Procureurs de procéder auxdites saisies avec toute la retenue et circonspection convenables, et *par la seule nécessité de faire observer les Saints Décrets*, de faire exécuter les fondations et de conserver les Églises et bâtimens qui dépendent desdits Bénéfices ; et à l'égard des Archevêques et Évêques voulons que tous nos Juges et Officiers, nos seules Cours de Parlement en prennent connoissance et qu'elles donnent avis à notre très cher et féal Chancelier de tout ce qu'elles estimeront à propos de faire à cet égard pour nous en rendre compte. » Que de garanties dans toute cette procédure qui a disparu complètement aujourd'hui (1) et dont l'absence nous autorise à dire qu'il est bien difficile

(1) « Veut-on savoir jusqu'où l'on peut aller avec ce genre d'arbitraire ? dit le P. Prélot ; que l'on se rappelle l'histoire des deux vicaires ou desservants de Bretagne privés de traitement pour avoir refusé l'absolution à deux pénitents, en raison, a-t-on dit, de leurs opinions républicaines. Pas d'autre témoignage possible, n'est-il pas vrai, que celui des plaignants eux-mêmes ; le prêtre ayant la langue liée par le secret sacramentel, pas moyen à lui d'articuler un mot pour sa défense. N'importe, l'affaire a suivi son cours... Que l'on se figure les perplexités d'un confesseur en présence d'un pénitent qui serait à la fois bon républicain et mal disposé ; les deux termes ne s'excluent pas, le cas peut arriver. Donner l'absolution, c'est trahir sa conscience ; refuser l'absolution, c'est peut-être la suppression du mandat de paiement qui lui assure du pain pour demain. »

de reconnaître dans les mesures de nos ministres, qui aboutissent à faire revivre le système féodal du « bon plaisir », l'institution strictement réglementée que nous venons de décrire telle qu'elle existait dans l'ancien droit. Certes, nous ne prétendons pas que la monarchie d'avant 1789 ait été toujours fort respectueuse des droits du clergé; les instructions de Louis XIV au Dauphin, par exemple, nous montrent quelle étrange et abusive théorie professait le grand roi au sujet des prétendus droits de la couronne sur les biens d'Église (1). Mais si nous ne sommes pas sans réserve *laudator temporis acti*, nous devons cependant reconnaître que le pouvoir royal, en réglementant les saisies du temporel, voulut prévenir tout arbitraire.

Aux considérants que nous avons déjà examinés le Conseil d'Etat, dans son avis, ajoute : « Considérant qu'il n'a pas été dérogé à cette législation traditionnelle par aucune mesure législative ou réglementaire; qu'au contraire, les Chambres en ont approuvé l'application toutes les fois qu'elle leur a été soumise, notamment en 1832, en 1861 et en 1882... »

Nous ne nions pas que sous divers régimes il y ait eu

(1) V. *Œuvres de Louis XIV*. Mémoires historiques et instructions pour le Dauphin. Tome II, p. 121 et 122. Paris, 1806. « ... Vous devez donc premièrement être persuadé que les rois sont seigneurs absolus et ont naturellement la disposition pleine et libre de tous les biens qui sont possédés, aussi bien par les gens d'Église que par les séculiers pour en user en tout temps comme de sages économes, c'est-à-dire suivant le besoin général de leur Etat... tout ce que l'on dit de la destination particulière des biens de l'Église, n'est qu'un scrupule mendié, puisque ceux qui ont fondé des bénéfices n'ont pas pu, en donnant leurs fonds, les décharger de la dépendance et de l'obligation qui leur étaient naturellement attachées, ni ceux qui les possèdent ne peuvent prétendre de les tenir avec plus de droit et d'avantage que ceux même qui les leur auront donnés. »

des suppressions de traitements, mais le fait ne crée pas
le droit et c'est bien le cas de redire ici avec Mgr Freppel : « Depuis quand une obligation cesse-t-elle d'être
une obligation par le seul fait qu'on s'y dérobe? » Peut-on
admettre au profit du gouvernement une prescription qui
justifie ses abus de pouvoir et rende légaux les actes par
lesquels il sort de l'esprit de ses fonctions? — Examinons
cependant les divers cas dans lesquels ces suppressions
se sont produites.

La Restauration supprima, disent certains auteurs, le
traitement de quelques prêtres du diocèse de Strasbourg
qui se montraient obstinément attachés à la cause impériale. Cette affirmation n'est juste qu'à demi : Des
prêtres du diocèse de Strasbourg étant accusés de se
montrer favorables à la cause de Napoléon, des commissaires furent nommés par les vicaires capitulaires, chargés
de faire une enquête et invités à écarter de leur place
ceux qu'ils regarderaient comme ne pouvant plus opérer
aucun bien. Les simples desservants furent révoqués et
les curés, dont le titre est inamovible, furent engagés à
se démettre de leurs cures. Ceux qui s'y refusèrent furent
suspendus de leurs fonctions. Il n'y eut donc pas sous la
Restauration de suppressions directes des traitements ecclésiastiques (1).

Les gouvernements qui suivirent celui de la Restauration usèrent plusieurs fois de cette mesure disciplinaire ;
le gouvernement de Louis-Philippe voulut par là comprimer les mouvements légitimistes qui se produisaient à
l'ouest et au midi, la République de 1848 y trouva un
moyen de s'imposer, enfin le second Empire s'en fit une
arme pour arrêter les manifestations du clergé en faveur de Pie IX, menacé après la guerre d'Italie.

L'exemple du second Empire n'est guère à invoquer

(1) V. JAUFFRET, *Mémoires sur les affaires ecclésiastiques de
France*, t. III, p. 107.

pour soutenir la thèse du Conseil d'Etat. Si on relit la
discussion engagée au Sénat le 31 mai 1861, entre le cardinal Mathieu d'une part, M. Baroche, président du Conseil, et M. Rouland, ministre des Cultes, d'autre part, on
est frappé de l'allure que prend le débat et du souci
qu'eurent les orateurs d'éviter le fond de la question.
L'affaire n'eut d'ailleurs aucune suite, les traitements suspendus furent payés. Le cardinal Mathieu déclara alors
que si cette satisfaction n'avait pas été donnée aux ecclésiastiques privés de leurs traitements il aurait porté l'affaire devant le Conseil d'Etat.

Sous la République de 1848 qui, d'ailleurs, avait inscrit
dans sa Constitution le *droit* des ministres du Culte à recevoir un traitement ; aucun débat public n'eut lieu sur
la question.

L'exemple le plus sérieux que cite le Conseil d'Etat est
celui que nous fournit le gouvernement de juillet. A la
voix de la duchesse de Berry des soulèvements s'étaient
produits dans l'ouest et dans le midi de la France ; des
prêtres y avaient joué un rôle actif. Aussi lors de la discussion du budget des cultes, le 15 juillet 1832, M. Dupin
conseilla-t-il au gouvernement d'user de la suppression
des traitements. M. de Montalivet, ministre des Cultes,
dans sa réponse à M. Dupin, déclara qu'il avait usé *trois
fois* de cette mesure et invoqua la nécessité des circons-
tances ; pour couvrir sa responsabilité personnelle il
sollicita de la Chambre une approbation que d'ailleurs
elle ne lui refusa pas. (1)

(1) Sous le gouvernement de juillet le clergé avait quelques
garanties. Voici la procédure indiquée pour la suppression des
traitements ecclésiastiques, par le directeur des cultes (7 novembre 1830) : 1° le préfet désigne l'ecclésiastique blâmable ;
2° l'évêque invite l'inculpé à présenter sa justification ; 3° si
elle n'est pas satisfaisante le ministre enjoint à l'évêque de
changer ou de révoquer le desservant ; 4° si l'évêque n'agit
point, le ministre prend un arrêté pour appliquer le décret du
17 novembre 1811.

Les prédécesseurs de M. de Montalivet avaient agi avec encore plus de timidité ; le 17 mai 1831, M Barthe, ministre des Cultes, écrivait : « La question de la suspension des traitements ecclésiastiques a été examinée définitivement ; le droit ne résulte d'aucune loi, dans l'état actuel de la législation c'est une mesure extra-légale. » M. Casimir Périer, président du Conseil, appréciait ainsi, le 2 juin 1831, la conduite de son collègue ! « Je crois comme vous que les moyens exceptionnels de coercition, tels que la retenue des traitements manquent de fondement légal. Je n'hésite pas à reconnaître qu'en droit une pareille mesure est inadmissible...» Enfin M. de Montalivet lui-même, quelques mois avant les déclarations qu'il fit à la tribune et que nous venons de rapporter, écrivait au général Bonnet : « A l'égard du traitement attaché aux fonctions remplies, le ministre des Cultes n'a pas légalement le droit de le supprimer ou de le retenir (1) ».

Notons que sous cette même monarchie de juillet, où nos ministres aiment à chercher des précurseurs, le gouvernement demanda l'insertion dans la loi de finances d'un article lui permettant de priver de leurs traitements les ministres du Culte qui n'exerceraient pas en fait. Cet article 8 de la loi du 23 avril 1833 (2) ne montre-t-il pas que le gouvernement lui-même estimait qu'en dehors du cas précis prévu par ce texte, il n'avait aucun droit ?

Reste maintenant à examiner l'argument invoqué par le Conseil d'Etat dans son arrêt de 1889. D'après le Conseil d'Etat, les retenues de traitements ecclésiastiques sont des actes de gouvernement c'est-à-dire des actes dont l'exécution s'impose sans qu'aucun recours soit possible.

Or, l'on sait que parmi ces actes de gouvernement, la jurisprudence administrative compte les décrets rendus

(1) Cité d'après le P. Prélot, *loc. cit.* (t. LXIII, p. 55 s.)

(2) « Nul ecclésiastique salarié par l'Etat, lorsqu'il n'exercera pas de fait dans la commune qui lui aura été désignée, ne pourra toucher son traitement. »

en matière sanitaire, les actes relatifs à la sûreté exté-
rieure de l'Etat, les décrets de grâce, etc... Qui ne voit
que les suppressions que nous étudions sont de tout autre
nature que cette série d'actes ? Il faut sans doute que dans
certains cas on ne puisse faire échec par aucun recours
à la puissance gouvernementale; il faut que dans certains
cas celle-ci puisse agir avec une entière liberté, mais on
doit tendre à réduire au minimum la série de ces actes
de gouvernement pour parer à tout arbitraire. Pour qu'il
y ait acte de gouvernement il faut qu'une raison d'ordre
supérieur motive cet acte et en rende l'exécution nécessaire ; or peut-on vraiment invoquer cette raison d'ordre
supérieur lorsqu'un desservant, par exemple, aura cri-
tiqué en chaire un manuel d'instruction civique ? Si l'on
répond par l'affirmative, toute faute commise par un fonctionnaire dans l'exercice de ses fonctions pourra donner
lieu aux pires vexations ; le gouvernement en invoquant
la raison d'Etat ou une raison équivalente, pourra décliner
toute responsabilité, ce qui est absolument inadmissible.

A toute cette argumentation faite pour réfuter les textes
invoqués ou les considérants émis par le Conseil d'Etat
on peut ajouter une dernière raison à l'appui de notre
thèse; nous la déduisons de l'arrêté du 18 nivôse an XI,
qui déclare les traitements ecclésiastiques insaisissables
pour leur totalité. Si un créancier ne peut faire saisir,
malgré ses droits incontestables à être payé, le traitement
d'un ecclésiastique, à combien plus forte raison l'Etat
ne peut-il saisir ce même traitement dont il est débiteur.

En résumé nous pouvons dire avec beaucoup d'éminents
jurisconsultes, avec M. Reverchon (1), avec M. Renault-

---

(1) V. *Revue critique de législation et de jurisprudence*,
(année 1861), p. 268.

Morlière (1), avec M. Ducrocq (2), qui sur ce point est des nôtres et dont le témoignage ne saurait être suspect, qu'il n'existe dans notre législation aucune disposition générale permettant aux ministres de retenir ou de supprimer les traitements par voie disciplinaire (3) ; or, « au point de vue des principes généraux du droit, ajouterons-nous avec M. Ducrocq, peut-il suffire de la tradition, fût-elle constante, pour créer une pénalité, même pécuniaire, à titre disciplinaire ? »

« Aux yeux des hommes d'esprit impartial et modéré, deux choses surtout, dans les suppressions de traitements ecclésiastiques provoquent de justes plaintes, dit M. l'abbé Gayraud : d'abord il n'est point fait d'enquête contradictoire dans laquelle l'accusé soit entendu ; ensuite la durée de la peine, la quantité de cette espèce d'amende est illimitée... Il est inadmissible qu'un citoyen, même fonctionnaire, soit frappé d'une peine de ce genre, même par son chef hiérarchique, sans qu'il ait été mis en demeure de s'expliquer sur les actes ou sur les paroles qu'on lui reproche. Il est en outre contraire au droit que la peine ne soit pas infligée pour un temps déterminé et que sa durée dépende de l'arbitraire du ministre. Une pareille procédure est particulièrement indigne d'un gou-

(1) Dans la séance du 8 mars 1900 de la Commission parlementaire chargée du rapport sur le projet de loi contre les ministres du Culte, déposé par M. Waldeck Rousseau, M. Renault-Morlière, président de cette commission et avocat au Conseil d'État, a fait observer que dans le Concordat le droit au traitement est inscrit pour les évêques et « qu'il n'existe pas de texte permettant au gouvernement de supprimer ou même de suspendre ce traitement. »

(2) V. Ducrocq, *op. cit.*, t. III, p. 469.

(3) Un fait curieux à noter est le suivant : la conférence des avocats stagiaires, présidée par M. le bâtonnier Oscar Falateuf s'est, à une grande majorité, prononcée contre la légalité des suppressions.

vernement libéral et républicain. Il serait juste et sage d'enlever aux catholiques et au clergé ces deux raisons légitimes de protester et de se plaindre (1) ».

(1) V. Abbé GAYRAUD, *La République et la paix religieuse*, p. 153 s.

CHAPITRE III

TRAITEMENTS OU ALLOCATIONS?

Même dans les partis avancés l'on considère, en général, la séparation de l'Eglise et de l'Etat comme une chose dangereuse ; on ne veut pas en faire l'expérience qui donnerait au clergé une liberté redoutable et qui peut-être provoquerait une réaction politique dont on ne peut prévoir les suites... Mais socialistes et radicaux n'entendent pas que le mariage entre l'Eglise et l'Etat soit un mariage d'inclination. Pour eux c'est surtout un mariage d'intérêts ; au fond l'Eglise est une compagne gênante, avec laquelle l'Etat doit cohabiter pour ne pas donner de scandale aux âmes faibles et tant que le divorce ne s'est pas parfaitement introduit dans les mœurs, mais à laquelle il ne doit montrer aucune affection ni donner d'autres droits que ceux garantis par le contrat de mariage. Encore, disent-ils, doit-on interpréter les conventions matrimoniales d'une façon très judaïque !

C'est ainsi que, suivant eux, l'on doit reconnaître, tant que le Concordat existera, le droit des évêques et des curés *concordataires* (1) à recevoir un traitement de l'Etat,

(1) C'est-à-dire des évêques et curés dont le titre fut créé au moment du Concordat.

mais que l'on ne doit admettre pour les autres ecclésiastiques, évêques et curés non *concordataires*, vicaires généraux, chanoines, desservants et vicaires, aucun droit semblable (1). Si l'Etat veut bien leur donner certaines sommes pour leur entretien, c'est par pure charité de sa part;ce n'est pas là un traitement qu'il leur paye mais une allocation qu'il leur concède. L'article 14 du Concordat ne vise en effet que les évêques et les curés : « Le gouvernement assurera un traitement convenable *aux évêques et aux curés* dont les diocèses et les paroisses seront comprises dans la circonscription nouvelle. »

L'extrême gauche et la Commission du budget elle-même en 1900, ont fait une première distinction : il faut, disent-ils, bien distinguer entre les évêques et curés *concordataires* et les évêques ou curés *non concordataires* ; un traitement est garanti aux premiers par le Concordat, les autres n'ont droit à rien (2). Le Concordat a décidé, en effet, que les circonscriptions ecclésiastiques seraient fixées d'accord entre le gouvernement et le Saint-Siège et la loi organique du 8 avril 1802 a créé en conséquence 10 archevêchés et 50 évêchés. Tous les évêchés ou archevêchés qui ont été créés dans la suite ne sont donc pas concordataires et, par suite, leurs titulaires n'ont droit à aucun traitement.

M. Waldeck Rousseau, ministre de l'Intérieur et des Cultes, a fort bien répondu aux conclusions prises en ce sens par le rapporteur du budget: « Le sens qui se dégage jusqu'à l'évidence de l'article 2 du Concordat et de l'article 58 des Organiques c'est qu'aucune circonscription ecclésiastique ne peut être créée sans accord préa-

(1) La formule de cette théorie fut en partie donnée par Gambetta dans son fameux discours de Belleville : « On doit un traitement aux évêques et aux curés, on n'en doit pas aux desservants. »

(2) V. Comte de Luçay, *Les évêchés non concordataires de France et le budget de 1893* (Paris, 1892).

lable entre le gouvernement français et le Saint-Siège. Ce principe est très clairement posé et expressément formulé sous l'article 2 du Concordat.

« Comment a-t-on entendu que cet accord se produirait ? Il s'est produit sous une forme toujours la même. Il est intervenu une loi due à l'initiative du gouvernement français ; il est intervenu une bulle, une sorte de décret ecclésiastique du gouvernement du Saint-Siège. Enfin, par application d'une de nos lois générales, cette bulle a été enregistrée par décret rendu en Conseil d'Etat. Voilà la façon dont on a invariablement procédé, voilà comment l'accord s'est établi et comment il doit s'établir, et il est incontestable qu'en dehors de cet accord, aucun nouveau siège, évêché ou archevêché, ne pourrait être créé.

« Que s'est-il alors passé à la suite du Concordat, en 1882, et par application du principe que je viens de rappeler ? 50 évêchés ont été créés. Mais ils n'ont pas été créés, — on l'a rappelé vingt fois à la Chambre et je tiens à le rappeler moi-même, — ils n'ont pas été créés le moins du monde par le Concordat ; ils ont été créés en 1802, et s'ils sont concordataires, c'est parce qu'ils ont été institués dans les limites du Concordat et conformément aux prescriptions du Concordat... Postérieurement à 1802 et jusqu'en 1855 de nouveaux évêchés ont été créés ; en vertu de quels droits, de quels principes, de quels traités ? En vertu du principe inscrit dans l'article 2 du Concordat et exactement dans la même forme que les évêchés qui avaient été institués antérieurement.

« C'est ainsi que j'affirme, — et le point n'est pas douteux, — que pour chacune de ces catégories il y a eu une loi, il y a eu une bulle ou un décret ecclésiastique, et enfin cette bulle a été enregistrée en Conseil d'Etat.

« Que suit-il de là ? Qu'on doit distinguer deux catégories d'évêchés, les uns créés en 1802 en vertu du Concordat, les autres créés postérieurement à 1802 en vertu du même Concordat. Il n'y a entre eux qu'une seule différence, celle qui procède, non pas de la méthode par laquelle ils ont été institués, mais de la date à laquelle l'accord s'est fait entre les deux gouvernements.

« On pourrait ajouter, s'il fallait épuiser cette discussion, que lorsque le Saint-Siège et le gouvernement du premier Consul ont écrit dans l'article 2 du Concordat que les deux gouvernements se mettraient d'accord pour déterminer les circonscriptions ecclésiastiques, leur préoccupation à l'un et à l'autre n'était pas le moins du monde de fixer, une fois pour toutes, *ne varietur*, le nombre des circonscriptions ecclésiastiques. Ils avaient l'un et l'autre une préoccupation d'un ordre beaucoup plus important. Il s'agissait bien moins de fixer une fois pour toutes le nombre des évêchés que de mettre fin à une difficulté qui pesait très lourdement sur l'esprit des deux contractants. Non seulement il y avait à cette époque un nombre d'évêchés infiniment supérieur, mais la Chambre n'ignore pas que pour chaque évêché il y avait parfois deux évêques. Comment résoudre cette question en apparence insoluble ? On employa un moyen, — et je ne fais que répéter ici ce qu'ont dit tous les historiens, — emprunté à la diplomatie. La diplomatie cherche à arriver à son but sans rien dire qui soit trop pénible à chacune des parties contractantes : au lieu de supprimer un certain nombre d'évêques qui ne pouvaient pas et ne devaient pas être maintenus, on a convenu d'adopter cette procédure extrêmement simple : la revision des circonscriptions ecclésiastiques. Voilà la vérité sur cette question ; je crois qu'au point de vue des textes il n'est pas douteux que la division faite par la commission n'est pas fondée (1) ».

(1) Si nous avons rapporté tout au long cette argumentation de M. Waldeck Rousseau, c'est d'abord parce qu'elle est très nette et très juste, c'est aussi parce que ce témoignage ne saurait être suspect.

Tous les évêchés français sont donc des évêchés concordataires et, à ce titre, leurs titulaires ont le droit de recevoir un traitement de l'État ; cette solution, nous aimons à le croire, ne fera plus à l'avenir de difficulté. Mais une question du même ordre et plus délicate se pose à propos des traitements des vicaires généraux, des chanoines, des desservants et des vicaires.

Dans le chapitre IV du budget ordinaire de 1883, chapitre relatif au service des cultes, la Chambre des députés crut devoir introduire un libellé nouveau et distinguer entre les *traitements* des curés d'une part et les *allocations* aux vicaires généraux, chapitres, desservants et vicaires d'autre part.

Répondant à M. le sénateur Lambert Sainte-Croix qui critiquait fort justement cette dangereuse dualité de termes, le ministre de l'Intérieur parla en ces termes : « Le changement apporté au libellé apporte-t-il une modification aux lois existantes ? Engageons-nous un principe ? Tranchons-nous ainsi une des grosses questions que l'honorable membre indiquait tout à l'heure ? Si j'en avais le sentiment je me joindrais à lui pour dire au Sénat qu'il faut laisser les choses en l'état...

« Qu'a voulu faire la Chambre des députés ? — Après un débat sur l'origine des rémunérations dues au clergé paroissial, on est tombé d'accord que les différentes rémunérations du clergé français avaient une double origine : qu'une partie de ces rémunérations, celle qui est touchée par les évêques et les curés, était formellement stipulée dans le Concordat et qu'on ne trouvait la trace des autres que dans les Organiques. De telle sorte que la conséquence logique était celle-ci : c'est qu'en employant les mots dans leur sens rigoureux, le salaire des évêques et des curés était un traitement concordataire, et que la rémunération des desservants n'était pas un traitement concordataire. Voilà ce que la Chambre des députés a entendu consacrer. C'est un fait et rien de plus (1). »

(1) V. *Journal officiel* du 24 décembre 1882.

M. Dauphin, rapporteur général, ajoutait à ces explications données par le ministre : « C'est un fait que le traitement des curés a une autre nature, a un autre caractère que la rémunération des desservants. Le Parlement, voilà le point important de la distinction, n'a pas le droit de supprimer les traitements des curés autrement que par un acte diplomatique (1), puisque ces traitements sont assurés et dûs, aux termes du Concordat, tandis que les rémunérations des vicaires et des desservants sont allouées, non plus comme une dette résultant du Concordat, mais simplement comme une allocation d'une législation intérieure de notre pays. Cette loi peut être modifiée par une autre loi, sans recourir à un acte diplomatique... La distinction que je viens de rappeler est tout ce que la Chambre des députés a voulu constater. La Chambre des députés a-t-elle voulu faire autre chose ? a-t-elle voulu, par exemple, donner un avertissement salutaire à MM. les desservants et les inviter peut-être à un peu plus de prudence dans leurs paroles et dans leurs actes ? Si telle a été la pensée de la Chambre des députés, je ne crois pas que la majorité du Sénat ait l'intention de lui donner un éclatant démenti ; mais ce ne sont là que des hypothèses. »

Ne nous occupons tout d'abord que des traitements des desservants ; nous parlerons plus tard de ceux des chanoines, des vicaires généraux et des vicaires paroissiaux. Est-il donc bien certain que les sommes appelées *allocations* par les lois de finances ne sont pas des traitements véritables, assurés par le Concordat ? Si l'on s'en tient au texte de ce traité et si on le rapproche de l'organisation du culte catholique telle qu'elle a été réglée par les Organi-

---

(1) Ce qui, bien entendu, ne fait pas obstacle, au gré du Conseil d'Etat, à des suppressions individuelles par mesures de police. Nous avons déjà examiné cette théorie dans notre chapitre II.

ques, il semble bien, à première vue, que la réponse doive être affirmative. Le Concordat dit en effet : « Le gouvernement assurera un traitement convenable aux évêques et aux *curés* dont les diocèses et les *paroisses* seront compris dans la circonscription nouvelle. » Or, voici ce qu'ajoute l'article 60 des Organiques : Art. 60 : « Il y aura au moins une *paroisse* par justice de paix. Il sera en outre établi autant de succursales que le besoin pourra l'exiger. » N'est-il pas évident que le gouvernement s'étant engagé seulement à doter les *curés*, les desservants, c'est-à-dire l'immense majorité des prêtres séculiers, n'ont droit à rien et que, par suite, le gouvernement est toujours libre de ne plus leur payer les allocations qu'il leur accorde par bienveillance ou par charité ?

Pour répondre à cette argumentation nous devons en premier lieu nous demander quelle a été l'intention des deux parties en rédigeant l'article 14 et, par suite, quel sens exact elles ont voulu donner aux mots qu'il renferme.

Le clergé tout entier avait été spolié de ses biens à la suite du décret des 2-4 novembre 1789. A combien s'élevait la valeur des biens-fonds ou des objets mobiliers mis ainsi entre les mains de la nation? C'est chose bien difficile à préciser ; il semble néanmoins résulter des travaux des historiens compétents et des hommes qui ont étudié le régime financier de l'époque révolutionnaire, MM. Stourm, des Cilleuls, Sagnac et Anglade en particulier (1), que les biens fonds du clergé avaient une valeur d'environ 3 milliards et que l'argenterie et le mobilier peuvent être estimés à peu près à 500 millions. Il est encore plus difficile de dire dans quelle mesure ces biens furent aliénés (2) ; des tra-

(1) V. STOURM, *Les finances de l'ancien Régime et de la Révolution.* — SAGNAC, *Législation civile de la Révolution.* — ANGLADE, *De la sécularisation des biens du clergé sous la Révolution,* etc.

(2) Beaucoup ne furent pas vendus. C'est ainsi que les forêts furent réservées en partie et se trouvent encore dans le do-

vaux récents nous ont donné des résultats partiels à ce point de vue, mais à notre connaissance il n'existe pas de tableau d'ensemble indiquant le chiffre total des aliénanations (1). Si l'on considère néanmoins qu'en l'an IV les adjudications pour le seul département de l'Aveyron s'élevaient au-delà de 20 millions, l'on aura une idée de la somme énorme des biens qui furent vendus dans toute la France.

Par l'article 13 du Concordat, Pie VII déclarait que pour le bien de la paix et l'heureux rétablissement de la religion catholique ni lui, ni ses successeurs ne troubleraient en aucune façon les acquéreurs des biens ecclésiastiques aliénés et, par suite, que la propriété de ces mêmes biens demeurerait incommutable entre leurs mains et celles de leurs ayants-cause. Mais en compensation de ce sacrifice le gouvernement, dans l'article 14, prenait à sa charge l'entretien des ministres du Culte. Peut-on admettre un instant que dans le budget des 5 millions qui représente les traitements des évêques et des curés de canton, le Souverain Pontife ait trouvé une compensation équitable de l'abandon auquel il consentait ? Peut-on croire, d'autre part, qu'il se soit désintéressé d'une manière absolue de cette classe si nombreuse et si importante des curés de campagne auxquels la Révolution elle-même, du moins à

maine de l'Etat. Beaucoup de bâtiments furent affectés aux services compris dans la nouvelle organisation administrative, notamment à celui de l'enseignement secondaire et à celui de la défense nationale. Le Concordat n'a pas reconnu le moins du monde la légitimité de cette détention par l'Etat; celui-ci a effectué, il est vrai, une partie des restitutions auxquelles il était tenu (arrêté du 7 thermidor, an XI, relatif aux biens des fabriques, décret du 30 mai 1806, décision du 5 septembre 1807, etc.). mais il est encore loin de s'être libéré à l'égard de l'Eglise ; un homme politique affirmait que les biens ecclésiastiques, encore possédés par l'Etat, représentaient une valeur dont les revenus étaient supérieurs au budget actuel des cultes.

(1) Consulter les travaux de MM. Marc-Haut, Anglade, Loutchisky, de Lavergne et d'Avenel.

son début, avait témoigné sa sympathie en leur assurant un minimum de traitement de 1.200 livres ?

Mais ce n'est là qu'un raisonnement fait *a priori* ; étudions la lettre même du Concordat. L'article 9 de ce traité porte que « les évêques feront une nouvelle circonscription des paroisses de leurs diocèses qui n'aura d'effet que d'après le consentement du gouvernement ». Aux curés de ces paroisses le Concordat, par l'article 14, assure un traitement convenable. N'est-il pas évident que par *paroisses* et par *curés*, il faut entendre les paroisses et les curés tels qu'on les connaissait au temps de l'ancien régime, alors que les rapports entre l'Eglise et l'Etat étaient réguliers ? Or, à cette époque la notion de la paroisse, notion à laquelle d'ailleurs la Constitution civile du clergé n'a porté qu'une légère atteinte, était celle du droit canonique ; la paroisse était une église distincte des autres, avec un peuple certain, renfermée dans des limites fixes, et ayant un curé résident pour l'administrer *jure proprio*. En ce qui concerne le nombre des paroisses, qu'il appartenait à l'évêque de déterminer, sauf le consentement du pouvoir civil (a 9 du Concordat) il fallait s'en tenir, semble-t-il, aux prescriptions du droit ecclésiastique qui ordonne de faire la division des paroisses quand, par suite de la distance ou de la difficulté des chemins, les paroissiens ne peuvent aisément se rendre à l'église paroissiale ; à ce compte, les évêques devaient établir en France environ 40.000 paroisses. C'était bien ainsi que le cardinal Caprara entendait les choses lorsqu'il disait : « Il doit être fait dans tous les diocèses, par les nouveaux archevêques et évêques, une nouvelle circonscription de paroisses que nous avons lieu d'espérer devoir suffire aux besoins spirituels et au nombre de fidèles de chaque diocèse, de manière qu'ils ne manquent ni du pain de la parole, ni du secours des sacrements, ni enfin de tous les moyens d'arriver au salut éternel (1). »

(1) V. dans ce même sens la bulle d'érection du diocèse

En outre, point de distinction n'existait sous l'ancien régime entre curés et desservants, du moins dans le sens actuel de ces mots. Il y avait bien des desservants mais les fonctions de ces prêtres étaient bien différentes de celles qu'exercent nos desservants. Un desservant, suivant le droit ecclésiastique et d'après le sens courant que l'on donnait à ce mot au xviiie siècle, est un prêtre chargé de remplir les fonctions ecclésiastiques dans les paroisses dont les cures sont vacantes ou dont les curés sont absents temporairement ou interdits. D'après une déclaration de 1686, c'est un prêtre que l'évêque place pour desservir une cure ou une vicairie perpétuelle vacante par la mort du titulaire ou par voie de droit, jusqu'à la nomination ou à la réintégration du titulaire (1). En parlant des *curés*, le Concordat ne pouvait donc faire allusion à ces desservants de l'ancien régime dont les fonctions étaient complètement transitoires et, pour ainsi parler, d'exception ; d'après le Concordat, il n'y a qu'une catégorie de paroisses et à la tête de chacune d'elles est placé un curé.

Considérons maintenant les articles organiques. L'article 60 enlève d'abord aux évêques le droit de circonscription des paroisses qui leur avait été reconnu par le Concordat : Napoléon, malgré les prescriptions du droit ecclésiastique, déclare qu'en principe il n'y aura qu'une

de Paris : « Erigantur parochiæ quotquot necessariæ ipsi videbuntur, diligentissima ratione habita, tum copiæ, tum necessitatis fidelium curæ suæ subjectorum, ne illis doctrinæ pabula, sacramentorum subsidia atque ad salutem æternam assequendam adjumenta, ullo facto deesse possint. »

(1) Reiffenstuel, Fagnan et d'autres canonistes désignent les desservants sous le nom de *mercenaires,* car, selon eux, c'est être vraiment mercenaire qu'être susceptible d'être révocable *ad nutum* par un supérieur. Le peuple de son côté désignait les desservants sous le nom de *passe-volants.* Le *passe-volant,* on le sait, était un homme qui, sans être enrôlé, figurait dans une revue pour augmenter l'effectif des soldats et toucher une paye au profit du capitaine. — V. encore l'édit d'avril 1695, la déclaration du 30 janvier 1710 et l'ordonnance d'août 1735.

paroisse par justice de paix (1), comme si de deux ou trois lieues à la ronde tous les paroissiens eussent pu venir au chef-lieu de canton pour assister à la messe du dimanche et comme s'il eût été possible aux curés de ces chefs-lieux d'administrer un si vaste territoire.

Napoléon essaya d'obvier à cet inconvénient en introduisant dans l'Eglise une nouvelle organisation, un peu semblable à celle des premiers siècles; n'avait-il pas vécu au milieu des hommes qui, prétendant rétablir dans toute sa pureté la discipline des premiers âges du christianisme, avaient fait la Constitution civile du clergé ? — Pour cela Napoléon généralisa l'institution des succursales; par *succursales* on entendait les églises dans lesquelles on faisait le service paroissial, soit parce que certains habitants étaient trop éloignés du chef lieu de la paroisse, soit parce qu'ils étaient en trop grand nombre pour être rattachés à une seule église. Les prêtres chargés des succursales, appelés *subcurés*, n'avaient d'ordinaire d'autres droits que ceux des vicaires du curé sur la paroisse duquel ils exerçaient leurs fonctions.

Le gouvernement créa donc dans chaque paroisse des succursales dont les évêques devaient régler la circonscription avec son autorisation et plaça à la tête de chaque succursale un vicaire du curé de canton qu'il nomma *desservant*. Le desservant était bien un *vicaire* du curé de canton; l'article 31 des Organiques donne en effet à ce dernier *les mêmes droits sur les desservants que sur les vicaires.* Art. 31 : « *Les vicaires et desservants* exerceront

____

(1) « L'on voit, écrivait Portalis aux préfets, que la circonscription des cures est proprement déterminée par la loi, et qu'on n'y a presque pas besoin du fait de l'homme, puisque le nombre des cures est déterminé par celui des justices de paix. Il est vrai que la loi suppose qu'on pourrait établir plus de cures qu'il n'y a de justices de paix; mais ce n'est là qu'une prévoyance qui ne pourrait se réaliser que dans des cas extraordinaires et dûment vérifiés. »

leur ministère sous *la surveillance* et *direction des curés.*
Ils seront approuvés par l'évêque et révocables par lui. »
Pas la moindre distinction n'apparaît entre les desservants
et les vicaires (1), sauf en ceci que les vicaires étaient
choisis par les curés (2) tandis que la nomination des
desservants était réservée à l'évêque (art. 63 des Organiques.) Telle fut l'organisation des paroisses qu'établirent
les Organiques, organisation bien différente, on le voit,
de celle que faisait attendre le Concordat.

Même si l'on considère cette situation créée par la loi
du germinal an X comme subsistant encore, on doit dire
que le pouvoir civil est tenu par le Concordat de fournir
un traitement aux desservants ; d'après les lois de l'Eglise
le curé, empêché par le trop grand nombre de ses paroissiens d'exercer à l'égard de tous les devoirs de son ministère, est tenu de prendre autant d'auxiliaires ou de vi-

(1) « Dans l'esprit des Organiques, dit M. Boudinhon dans sa
brochure sur *l'inamovibilité et la translation des desservants,*
les desservants étaient d'abord des vicaires du curé en titre,
résidant, non pas au chef-lieu de canton comme les vicaires
proprement dits, mais auprès d'une *église* de secours ou
succursale. »

(2) « Le choix du vicaire donna lieu (dès l'an X) à quelques
contestations entre les évêques et les curés. Ceux-ci prétendirent
qu'ils étaient *ordinaires* dans leurs paroisses et que tout ordinaire ayant le droit de déléguer sa juridiction, ils pouvaient
commettre les fonctions curiales à tel prêtre que bon leur semblait, pourvu que ces prêtres fussent en communion avec
l'évêque diocésain et reconnus par lui. Les évêques ne vou-
laient point donner aux curés des coopérateurs avec lesquels
ils n'auraient pu s'entendre ; mais le culte étant exercé dans
les diocèses sous la direction des premiers pasteurs, ils soute-
naient qu'ils ne devaient pas demeurer étrangers à leur nomination, et comme la loi veut que les vicaires soient approuvés
par l'évêque et révocables par lui, ils exigèrent que ceux *dont
les curés auraient fait choix* eussent des mœurs et un degré
suffisant d'instruction. Ils ne donnèrent leur approbation
qu'après s'en être assurés. » JAUFFRET, *Mémoires historiques
sur les affaires ecclésiastiques de France,* t. I, p. 195.

caires qu'il lui est nécessaire ; ces auxiliaires doivent être entretenus avec les revenus de son bénéfice. Si donc le gouvernement ne voulait plus payer directement les desservants et si l'on considère que ceux-ci sont restés vicaires des curés de canton, le trésor public doit fournir à ces derniers un traitement dix fois plus fort que leur traitement actuel pour qu'ils puissent subvenir aux besoins de leurs auxiliaires, les succursalistes : telle serait la mesure du traitement convenable garanti par l'article 14 du Concordat.

Mais la situation établie par les Organiques n'a-t-elle pas changé ? — Oui, cette situation a changé et il est certain que les desservants de nos jours n'ont rien de commun avec ceux de l'article 31 des Organiques. Les évêques, après 1802, tout en conservant la dénomination de *desservants* imposée par la loi, donnèrent en effet aux titulaires des succursales la même juridiction qu'aux curés de canton (1) ; bientôt les succursales devinrent indépendantes de la cure principale et les desservants y exercèrent leur ministère sous la dépendance et l'autorité directe de l'évêque (2). Le gouvernement n'osa pas protester contre les actes des évêques ; Portalis approuva leurs réglements et il déclara « *que le desservant est, dans sa paroisse, ce que le curé est dans la sienne*, qu'il n'y a dans l'intention du gouvernement aucune différence pour les fonctions entre l'un et l'autre, le curé de canton n'ayant qu'une simple autorité de surveillance qui consiste à avertir l'évêque des abus et des irrégularités qui seraient,

(1) V. notamment le règlement du diocèse de Paris, plus tard rendu commun aux autres diocèses. Ce règlement fut approuvé le 25 thermidor an X.

(2) Le système actuel des succursales, à curés amovibles, ne fut général que fort tard. Il ne fut guère établi à peu près partout que vers 1825 ou 1830. En 1840 ou 1843, plusieurs évêques considéraient encore les succursalistes comme inamovibles au même titre que les curés de canton.

à sa connaissance (1). » Du reste, le gouvernement montra bien qu'il considérait les desservants comme des curés en exigeant d'eux le serment qui cependant n'était prescrit que pour les curés et les évêques (2) et en imposant, à l'origine, son agrément pour les nominations des desservants comme pour les nominations des curés, ce qui était nettement contraire aux articles organiques (3).

Si donc, au moment de la signature des Organiques, par un abus du pouvoir civil, les desservants n'étaient pas de véritables curés, ils le sont devenus dans la suite. Les évêques, usant du pouvoir que leur donnait l'article 9 du Concordat, ont fait des paroisses de toutes les succursales et à ce changement apporté aux plans primitifs du premier Consul le gouvernement a donné son adhésion, son *consentement*, c'est le terme même qu'emploie l'article 9 ; d'où il suit que toutes les succursales sont devenues des cures au point de vue légal ; leur nom seul a subsisté (4).

Ne voyons-nous pas d'ailleurs, dans la suite, des textes législatifs parler de paroisses, même lorsqu'il s'agit de succursales ? On peut consulter notamment l'article 3 du décret du 30 décembre 1809 et l'article 1 de la loi du 14 février 1810, dans lesquels le mot *paroisse* s'étend évidemment aux simples succursales.

Le traitement qui est garanti aux curés par l'article 14 du Concordat est donc garanti aux desservants qui, d'après une pratique française rendue légale par le *consentement* du gouvernement, sont eux aussi des curés. — C'est ce qui nous explique pourquoi, après le régime

(1) Décision ministérielle du 9 brumaire, an XIII, citée d'après DUBALLET, *Traité des paroisses et des curés*, t. I, p. 101.
(2) V. JAUFFRET, *op. cit.*, t. I, p. 196.
(3) V. JAUFFRET, *op. cit*, t. I, p. 193.
(4) A partir de l'an XI, furent ouvertes des chapelles de secours qui remplirent çà et là le rôle assigné aux succursales par la loi de germinal an X.

transitoire établi par la loi de germinal an X, en ce qui touche le traitement des desservants, le décret du 11 prairial an XII leur a assuré un traitement, moindre que celui des curés de première et de deuxième classe, mais payé de la même manière (1).

Il est vrai que les desservants sont actuellement considérés comme amovibles, mais tout le monde sait que l'amovibilité n'est pas le moins du monde exclusive du caractère du curé (2).

Si le Concordat reconnaissait expressément une dotation aux évêques et aux curés, toute différente était la condition des chanoines dont il s'occupait dans l'article 10 : « les évêques pourront avoir un chapitre dans leur cathédrale et un séminaire pour leur diocèse sans que le gouvernement s'oblige à les doter (3) ». Ainsi donc le gouvernement ne s'obligeait nullement à fournir un traitement aux chanoines. — L'abbé Bernier cherche à expliquer ce refus de dotation : « Le gouvernement, dit-il, protègera les chapitres et les séminaires, mais il ne veut pas s'astreindre à les doter, sa position pénible après

---

(1) Article 6. « A compter du 1er vendémiaire, an XIII, les curés et les desservants seront munis d'un brevet de traitement signé par l'architrésorier de l'Empire ; ils seront payés de leur traitement sur la présentation de ce brevet. » — V. encore le décret du 31 mai 1804 et l'ordonnance du 5 juin 1816, etc...

(2) L'amovibilité n'est pas exclusive du caractère de curé : « Nulla enim quoad curam animarum exercendam datur differentia inter parochos amovibiles et perpetuos. » (S. C. Concilii in Helbor. 16 martii 1615). — V. Emile OLLIVIER, *Le Concordat est-il respecté*, pp. 56-65.

(3) L'article 35 des Organiques vint, sans aucun droit, restreindre le pouvoir ainsi donné aux évêques : « Les archevêques et évêques qui voudront user de la faculté qui leur est donné d'établir des chapitres, ne pourront le faire sans avoir rapporté l'autorisation du gouvernement, tant pour l'établissement lui-même que pour le nombre et le choix des ecclésiastiques destinés à le former. »

tant de secousses lui fait un devoir de sévères économies.
Mais en cédant à la loi du devoir il n'exclut pas la bien-
faisance future. Il aime à se persuader que l'Eglise, dé-
sintéressée par principe, s'en rapportera à sa générosité
et à ce qu'il voudra et pourra faire sur ces sortes d'objets (1) ». On ne peut pas dire que dans la suite le gouvernement se montra fort généreux mais il est juste de dire
que du moins il fit preuve de bonne volonté en donnant
aux chanoines, par l'arrêté du 14 nivôse an XI, un traitement de 1.000 francs. En 1816 ce traitement fut porté à
1.100 francs; le 20 mai 1818, il fut élevé à 1.500 francs et
le 20 août 1858 il fut encore augmenté de 100 francs; la
loi de finances de décembre 1883 fixa à 2.400 francs le
traitement des chanoines de Paris.

Mais la loi de finances de 1884 et celle du 21 mars 1885
ont supprimé tous ces traitements par voie d'extinction
des chanoines. Nous ne pouvons, certes, que blâmer cette
mesure qui prive d'un revenu modique mais précieux
des prêtres, âgés pour la plupart, recommandables par
leurs vertus et par les services qu'ils ont rendus ; à ces
prêtres l'allocation du gouvernement procurait une honorable retraite pour leurs vieux jours : mais nous
sommes obligés de reconnaître qu'en droit strict le pouvoir civil pouvait agir comme il a agi et que les traitements
qu'il a supprimés n'étaient pas concordataires.

Lorsqu'en 1884 on supprima les allocations jusqu'alors
accordées aux chanoines, on voulut comprendre dans cette
suppression les traitements des chanoines de Savoie; mais
ceux-ci s'autorisant des conventions qui se rattachent au
traité d'annexion de cette province, ont prétendu qu'ils ne
devaient pas être frappés par les dispositions de la loi nouvelle (2). Lorsque la Savoie et le comté de Nice furent

(1) V. THEINER, *Histoire des deux Concordats*, pièces justifi-
catives, t. II, p. 24.
(2) V. *Revue administrative du culte catholique*, 1897, p. 41.

cédés à la France, le clergé et les établissements ecclésiastiques étaient propriétaires de titres de rentes nommés *cartelles* ; ces titres de rentes leur avaient été remis par le gouvernement sarde en compensation de leurs biens sécularisés. Quelque temps après l'annexion ces cartelles passèrent dans les mains du gouvernement français qui avait pris à sa charge certaines dépenses du culte et les traitements du clergé. Mais elles sont toujours l'objet, de la part du clergé ou des établissements ecclésiastiques, d'un droit de propriété qui est inviolable. Cette condition juridique a été récemment sanctionnée par le Conseil d'Etat qui a rejeté les prétentions par lesquelles le ministre des Cultes voulait faire établir que la cession de cartelles faite par le gouvernement sarde au gouvernement français avait eu simplement pour effet de placer le clergé de Savoie sous le régime du salariat de l'Etat avec ses bonnes et ses mauvaises chances. Le Conseil d'Etat ayant, par 2 arrêts du 8 août 1892 et du 8 août 1896, reconnu le bien fondé des réclamations des chanoines, le gouvernement, après avoir donné des preuves de mauvaise volonté évidente, a dû enfin s'exécuter (1).

(1) « Considérant, dit l'arrêt du 8 août 1892, que si les requérants sont non recevables à discuter par la voie contentieuse le refus d'ordonnancement sur le crédit affecté par la loi de finances au traitement des chanoines, il n'en résulte pas qu'ils ne puissent faire valoir les droits qui appartiendraient à un autre titre aux membres du chapitre de Saint-Jean-de-Maurienne ; qu'à cet égard, la décision attaquée constitue un refus de liquidation dont il appartient au Conseil d'Etat de connaître par application de la loi du 24 mai 1872 ;

« Considérant que les requérants soutiennent qu'il ne peut être porté atteinte aux droits dérivant pour les chapitres établis dans les territoires réunis à la France en 1860, du fait qu'avant l'annexion une partie des traitements de leurs membres était formée des arrérages des titres de rente nommés *cartelles*, à eux remis en échange de leurs biens sécularisés et constituant pour ces chapitres une propriété ;

« Considérant que, par une circulaire en date du 18 décembre

Ni le Concordat ni les articles organiques n'attribuent un traitement aux vicaires généraux ; aussi a-t-on demandé la suppression des crédits qui, jusqu'à l'heure actuelle, leur ont été toujours affectés. Un amendement a été déposé dans ce sens par MM. Beauquier, Pochon, Giguet et Charpentier ; mais la Chambre l'a repoussé, le 21 janvier 1898, par 324 voix contre 183.

La question a été reprise lors de la discussion du budget des cultes de 1900 et voici comment elle s'est posée :

1860, le ministre des Cultes faisait connaître aux évêques de la Savoie et de Nice, qu'au lieu de déduire les arrérages des rentes sur la dette publique perpétuelle du montant des traitements que le clergé toucherait à partir du 1er janvier 1831, conformément à la loi française, il lui semblait préférable que le traitement complet fut payé par le Trésor public qui encaissait lui-même à son profit le paiement annuel des cartelles ; que le ministre demandait, en conséquence, aux évêques, s'ils consentiraient à remettre au gouvernement français les cartelles du clergé et des établissements de leurs diocèses ; que l'évêque de Saint-Jean-de-Maurienne notamment a, après avoir pris l'avis du chapitre de la cathédrale, donné son adhésion à cette proposition par lettre du 27 décembre 1860 ;

« Considérant qu'il est reconnu aussi bien par les requérants que par le ministre des Cultes, que l'accord ainsi intervenu s'appliquait à des cartelles d'origines diverses, qu'on ne saurait lui attribuer la même portée et les mêmes effets, en ce qui concerne, d'une part, les cartelles remises aux établissements ecclésiastiques en représentation de leurs biens sécularisés et, d'autre part, celles dont l'attribution constituait simplement un mode de paiement de tout ou partie d'un traitement; que ces dernières ne pouvaient conférer à leurs possesseurs des droits d'une autre nature que ceux qui résultent de l'allocation d'un traitement et qu'ainsi la jouissance en était soumise aux mêmes éventualités que le traitement lui-même; qu'au contraire, les cartelles remises en représentation des biens sécularisés constituaient pour leurs titulaires une véritable propriété, et qu'à l'égard de celles-ci, l'accord ci-dessus mentionné ne peut être interprété comme impliquant, au cas où le traitement des chanoines viendrait à être supprimé, une renonciation aux droits appartenant aux chapitres en vertu d'une dotation spéciale ayant le caractère d'une propriété... »

la commission reconnaissait que les vicaires généraux
sont inscrits dans la loi de germinal an X, que leurs fonctions y sont énumérées et déterminées, mais elle faisait
remarquer que cette loi de l'an X n'a pas pourvu à leurs
traitements ; elle concluait que les vicaires généraux
sont concordataires puisqu'ils sont prévus et nommés
dans un des instruments qui forment le Concordat mais
qu'ils doivent être, en quelque sorte, gratuitement concordataires.

En raisonnant ainsi, la Commission du budget restait
fidèle à la vieille erreur si répandue dans la presse, dans
les assemblées législatives et même dans les milieux gou-
vernementaux, erreur qui consiste à comprendre sous le
nom de Concordat les articles organiques. Cette confusion
est d'ailleurs très ancienne, elle remonte jusqu'à l'an X.
Napoléon et ses agents affectaient, en effet, devant les
Chambres législatives, de confondre le traité diplomatique,
qui seul est le vrai Concordat, avec le règlement fait par
le gouvernement, de sa propre autorité et sans accord
préalable avec le Saint-Siège. C'est à cette erreur de droit
que les vicaires généraux doivent d'avoir été considérés
comme concordataires par la commission du budget ;
mais contrairement aux conclusions déposées par cette
dernière, M. Waldeck Rousseau, sans relever d'ailleurs
l'erreur que nous venons de signaler, demanda le rétablissement des crédits en faveur des vicaires généraux :
« L'interprétation de la Commission, disait-il, se heurte à
celle qui a été faite immédiatement de la loi de germinal
an X. Dès le 14 ventôse an XI un arrêté du gouvernement
consulaire fixait en effet le traitement des vicaires généraux à 1.500 et 2.000 francs, et jusqu'à 1893 cet état de
choses n'a pas été troublé. On peut donc dire qu'ici l'interprétation de la Commission du budget se heurte à une
interprétation qui a tout près d'un siècle. »

Nous préférons donner au traitement des vicaires généraux une autre base que celle qui leur est donnée par la

commission du budget et par M. Waldeck Rousseau. —
Le Concordat de 1801, en réglant la condition nouvelle
du culte catholique en France, n'a tracé que de grandes
lignes ; il n'a posé que les têtes de chapitre de notre droit
public ecclésiastique ; mais, en fixant ces points princi-
paux, le Concordat a, par le fait même, reconnu et établi
les rouages secondaires qui se rattachent intimement et pour
ainsi dire d'une façon indissoluble aux rouages qu'il a expressément mentionnés. C'est ainsi que le Concordat en
reconnaissant les diocèses et les évêques a, par le fait
même, prévu l'institution des vicaires généraux. Surtout
avec la nouvelle organisation, qui ne comportait que la
création de 60 diocèses pour la France entière, il était impossible aux évêques d'administrer seuls leurs diocèses :
voilà pourquoi la loi de germinal an X, promulguée en
même temps que le Concordat, reconnaît immédiatement
à chaque évêque le droit de nommer deux vicaires généraux et à chaque archevêque celui d'en nommer trois (1).

Or, le Concordat promet d'assurer aux évêques un traitement convenable (2). En eût-il été ainsi si les évêques
avec leurs 10.000 francs ou les archevêques avec les

(1) Les articles organiques reconnaissent même qu'il peut
être impossible à l'évêque de remplir seul ses fonctions : « En
cas d'empêchement légitime, la visite sera faite par un vicaire
général. » a 22, § 2.

(2) Le mot *traitement*, dans la langue des premières années
du xixe siècle, ne semble pas avoir eu le sens étroit et si précis qu'il a aujourd'hui ; sans doute il désignait principalement
une somme d'argent, mais il désignait aussi tout ce qui est de
nature à améliorer la condition pécuniaire de celui qui en est
titulaire. C'est ainsi que dans la section III du titre IV des Organiques sous la rubrique : *du traitement des ministres*, il est
question, non seulement des sommes qui constituent le traitement proprement dit, mais encore des oblations, des presbytères, des jardins attenants, etc... Cette interprétation cadre
bien avec le texte latin de l'article 14 du Concordat : « Guber-
nium... in se recipit tum episcoporum, tum parochorum...
sustentationem quæ cujusque statum deceat. »

15.000 francs que devait leur attribuer le Trésor public, eussent été obligés de payer eux-mêmes leurs vicaires généraux ou si, par l'absence de tout crédit pour ces derniers, on eût rendu le gouvernement des diocèses impossible ? — Nous dirons donc que les traitements des vicaires généraux sont concordataires parce qu'ils sont nécessairement supposés par l'article 14 du Concordat (1).

Ce sont enfin les vicaires paroissiaux qui ont été attaqués. Le raisonnement de la Commission du budget a été ici le même que lorsqu'il s'agissait des vicaires généraux. Les vicaires paroissiaux, disait-elle, ne peuvent être institués, sous le contrôle de l'autorité supérieure, qu'en vertu d'un accord intervenant entre l'évêque et le préfet (2) ; leur institution, leurs fonctions sont prévus aux Organiques, mais la loi de 1802 ne leur a pas assuré de traitement.

M. Waldeck Rousseau s'est fait, ici encore, l'avocat de la bonne cause. Il a fait d'abord remarquer que les vicaires figuraient, aux articles organiques, dans la section consacrée aux traitements ecclésiastiques. « Les vicaires, dit l'article 68, sont choisis parmi les ecclésiastiques pensionnés en vertu des lois de l'Assemblée constituante ».

« Or, dit M. Waldeck Rousseau, qu'étaient les ecclésiastiques pensionnés ?

« C'étaient ceux qui recevaient, en vertu d'une loi votée par l'Assemblée nationale, une pension qui, modeste pour chaque pensionné, représentait au budget un chiffre très

(1) Nous n'avons pas usé d'un raisonnement analogue lorsqu'il s'est agi des desservants et des chanoines ; nous estimons, en effet, que les desservants sont *expressément* mentionnés dans le Concordat sous le nom de *curés* ; d'ailleurs, l'institution des curés ne suppose pas le moins du monde celle des succursalistes, tandis que celle des évêques, du moins en France, suppose celle des vicaires généraux.

(2) On sait que le gouvernement n'a pas à intervenir lorsqu'il s'agit d'une commune de plus de 5.000 habitants.

considérable, car en 1801 le chiffre de ces pensions attei-
gnait 80 millions.

« Il est facile de voir ce qu'a fait la loi de 1802. Elle a
dit : On va prendre les vicaires paroissiaux parmi les ministres du Culte auxquels une loi de l'Etat assure déjà
une pension, laquelle, en fait, était bien l'équivalent
d'un traitement.

« Le même article poursuit et se termine en ces
termes : « Le montant de ces pensions et le produit des
oblations formeront leur traitement. » Le traitement se
compose donc non pas seulement des dons, des oblations
volontaires, mais encore du montant des pensions.

« Il est arrivé que ces pensions se sont peu à peu
éteintes, et alors le traitement des vicaires paroissiaux a
été mis à la charge des communes et des fabriques. Cela
a même été une dépense obligatoire jusqu'en 1884. Elle
est devenue à ce moment facultative.

« Alors l'Etat s'est demandé quel était son devoir en se
plaçant dans l'esprit et même dans la lettre du Concordat,
puisque les vicaires paroissiaux devaient recevoir un traitement. Il a fait une distinction entre les petites communes et celles qui, à raison de leur population, par conséquent de leur richesse budgétaire, sont considérées
comme ayant certainement les ressources nécessaires
pour faire face à ce service. C'est en effet sous cette condition que la commune n'ait pas plus de 5.000 habitants
et que, les revenus de son budget étant reconnus insuf-
fisants ; elle ne puisse faire face au service en question,
que l'Etat intervient sous forme de subvention.

« Quelle qu'ait été la méthode, quelque procédé qu'on
ait suivi, il est donc absolument vrai de dire que le service des vicaires paroissiaux n'a jamais été considéré en
1802 comme devant être gratuit. Par conséquent, je crois
qu'aussi longtemps que le Concordat subsistera et que
nous resterons dans les liens du contrat, il faudra que le
vicaires paroissiaux — et on doit entendre par là les vi-

caires des petites communes et des petites paroisses — reçoivent un traitement sans lequel ces petites paroisses et ces petites communes se trouveraient dans une situation de véritable inégalité.

« Voilà les raisons de texte.

« J'ai une autre raison à donner : raison d'ordre politique en quelque sorte.

« Je crois que, tant qu'on est dans les liens d'une convention et d'un contrat, tant que ce contrat n'est pas dénoncé, il faut l'appliquer, je ne dirai pas seulement avec loyauté, ce qui est de toute évidence, mais encore en évitant toute espèce d'esprit processif et en s'inspirant, au contraire, d'un véritable esprit de conciliation.

« Je crois en outre que la bonne politique consiste, en cette matière, à ne pas forcer les interprétations dans un sens dont les conséquences, je l'ai montré à la Chambre, tourneraient non pas au détriment des hauts dignitaires ou de ceux qui ont des ressources considérables, mais certainement au détriment des plus petits (1) ».

Nous préférons de beaucoup cette dernière raison à celles que M. Waldeck Rousseau tire des textes et qui procèdent de l'erreur, déjà signalée, qui fait des articles organiques une partie intégrante du Concordat. Ce qu'il faut regarder avant tout ici, comme lorsque nous nous sommes occupés des vicaires généraux, c'est l'intention des parties qui ont rédigé le Concordat. Or, le traitement assuré aux curés, 1.500, 1.000 ou 500 francs, était-il convenable, était-il suffisant pour permettre à ceux d'entre eux qui doivent administrer une grande paroisse, de payer les vicaires que le droit ecclésiastique, interprète du droit naturel, les contraint d'appeler à leur aide ? Non, évidemment ; et voilà pourquoi le pouvoir civil, pour exécuter avec loyauté le Concordat *devait*, ou augmenter le

(1) A la suite de ce discours les crédits demandés par le gouvernement furent rétablis par 330 et 332 voix contre 179 et 174.

traitement des curés ou payer directement les vicaires. C'est ce dernier parti qu'il a pris, mais en cela il n'a pas fait œuvre de charité, il a fait œuvre de justice dans le sens le plus strict de ce mot.

En résumé, les traitements de tous les ecclésiastiques dont nous avons parlé, sauf ceux des chanoines, sont des traitements concordataires ; bien mieux, des dettes dont la nation s'acquitte à l'égard de l'Eglise qu'elle a spoliée.

L'Eglise a été très large dans ses concessions, elle a voulu oublier bien des choses pour le bien de la paix, elle n'a réclamé à l'Etat que ce qui lui est nécessaire pour vivre et la liberté... Puisse-t-on estimer un jour à sa juste valeur cette façon d'agir, puisse-t-on comprendre que le Concordat n'est pas, dans l'intention de ses auteurs, et ne doit pas être un terrain de conflits entre les deux pouvoirs religieux et civil, puisse-t-on l'interpréter avec cette largeur d'esprit, avec cette loyauté qui, assurant une harmonie parfaite entre l'Eglise et l'Etat, les feront travailler de concert à la conquête du but unique que Dieu a assigné à tous les hommes.

BIBLIOGRAPHIE

A. — *Ouvrages français*

Anglade. — *De la sécularisation des biens du clergé sous la Révolution*, Paris, 1901.

Batbie. — *Droit administratif*, t. II, Paris, 1885.

Batbie. — *Discours au Sénat* (30 novembre 1882, 5 mai 1883).

Brémond. — *Revue critique de législation*, 1889.

Broglie (de). — *Le Concordat.*

Boulay de la Meurthe. — *Documents sur la négociation du Concordat et les rapports de la France avec le Saint-Siège en 1800-1801* (t. I et III), Paris, 1892.

Chante-Grellet et Pichat. — Vº *Fonctionnaires publics* (Répertoire Béquet-Laferrière).

Dalloz (Périodique). — Rapport de M. Gauwain.

Duballet. — *Cours complet de Droit canonique (Traité des paroisses et des curés*, t. I), Paris, 1901.

Ducrocq. — *Cours de droit administratif et de législation française des finances* (t. III), Paris, 1898.

Études religieuses des PP. Jésuites (t. LXII et LXIII).

Freppel (Mgr). — *Discours à la Chambre des députés* ; *Œuvres polémiques* (t. V).

Gayraud (abbé). — *La République et la paix religieuse.* Paris, 1900.

Gazette des Tribunaux (nᵒˢ des 26 et 27 janvier 1889).

Gautier. — *Des évêques dans leurs rapports avec le pouvoir civil*, Paris, 1893.

Hauriou. — *Précis de Droit administratif* (4ᵉ édition), Paris 1900.

Journal officiel. — (1882, 1893).

Jauffret. — *Mémoires historiques sur les affaires ecclésiastiques en France* (t. II et III).

Laferrière. — *Traité de la juridiction administrative* (2ᵉ éd.), t. II.

LANFRANG DE PANTHOU. — *Des traitements ou allocations ecclésiastiques*, Evreux, 1892.

LUÇAY (Comte de). — *Les évêchés non concordataires et le budget de 1893*, Paris, 1892.

MACAREL et BOULATIGNIER. — *De la fortune publique en France et de son administration* (1838-1840), t. II.

OLLIVIER. — *Nouveau manuel de droit ecclésiastique*, Paris, 1885.

OLLIVIER. — *Le Concordat est-il respecté ?* Paris, 1883.

O'QUIN. — *Quelques notes sur les suspensions et les suppressions des traitements ecclésiastiques*, Pau, 1886.

Œuvres de Louis XIV. — *Mémoires historiques et instructives pour le Dauphin* (t. II), Paris, 1806.

G. PICOT. — (*Revue des Deux-Mondes*, 1er juillet 1892).

REVERGHON. — *Revue critique de législation et de jurisprudence* (1861).

Revue administrative du culte catholique (1898, article de M. Walbe).

Revue catholique des Institutions et du Droit (t. XX et XXI), (articles de M. Bessou).

Revue canonique. — (Année 1900), (article de M. l'abbé Crouzil).

THEINER. — *Histoire des deux Concordats*, t. II.

THÉRY. — Consultation insérée dans l'*Univers* du 31 octobre 1882.

WABLE. — *De la suppression, par mesure disciplinaire, du traitement des évêques, des curés, des desservants* (1893).

B. — Ouvrages belges

DARIS. — *Législation sur le traitement des vicaires* (Liège, 1871).

Examen de la jurisprudence libérale belge en matière de droit civil ecclésiastique, par un magistrat des Flandres (A. Lauwers). Bruxelles (1870-1874).

Journal historique et littéraire (de Kersten), t. V (1838).

A. LAUWERS. — *Du caractère légal des traitements payés par l'Etat au clergé catholique*, Bruges, 1879.

J. PLANQUAERT. — *La diminution des traitements du clergé catholique*, Gand, 1880.

Revue catholique de Louvain. — Années 1846-1847-1852-1853-1866-1867 (Articles de MM. Delcour, Moulart et Lauwers).

Revue de Belgique. — Années 1866-1867-1880-1886 (Articles de MM. Duchaine et Splingard).

TABLE DES MATIÈRES

Saint-Amand (Cher). — Imprimerie BUSSIÈRE